DIDEROT

ŽIŽEK

NIETZSCHE

AMARTYA SEN

ADORNO

MAX WEBER

SPINOZA

JÉSUS

MONTAIGNE

PRINCE LEPETIT

EINSTEIN

JUDITH BUTLER

LAOZI

LOCKE

THOREAU

IBN KHALDUN

ADAM SMITH

MARCUSE

LUCRÈCE

PETER SINGER

MICHEL SERRES

LACAN

SOCRATE

세계철학 백과사전 2
만화보다 더 재미있는 철학 이야기

LA PLANÈTE DES SAGES 2
Encyclopédie mondiale des philosophes et des philosophies by Jul, Pépin
Copyright © DARGAUD (Paris), 2015
www.dargaud.com
Korean Translation Copyright © ESOOPE Publishing Co., 2016
All rights reserved.

This Korean edition was published by arrangement with MEDIATOON LICENCING (Paris) through Bestun Korea Agency Co., Seoul.

이 책의 한국어판 저작권은 베스툰 코리아 에이전시를 통해 저작권자와의 독점계약으로 이숲에 있습니다.
저작권법에 의해 한국 내에서 보호를 받는 저작물이므로 무단전재와 무단복제를 금합니다.

Nouvelle
LA PLANÈTE DES SAGES
Encyclopédie mondiale des philosophes et des philosophies

만화보다 더 재미있는 철학 이야기
세계철학 백과사전 ❷

만화 그린이 질 　　글쓴이 샤를 페팽 　　우리말 옮긴이 조재룡

1. 마스터 셰프　　소크라테스　　6
2. 아담과 이브　　애덤 스미스　　10
3. 시오랑의 곤궁　　시오랑　　14
4. 섹스 앤 더 시스템　　보부아르　　18
5. 엄마는 나의 신앙　　예수　　22
6. 유행이란 무엇인가　　메를로-퐁티　　26
7. 미확인 비행 주체　　주디스 버틀러　　30
8. 숲속의 얼간이　　소로　　34
9. 카뮈와 사르트르　　카뮈　　38
10. 프랑크푸르트학파의 걱정　　아도르노　　42

11. 루크레티우스 감독의 열정　　루크레티우스　　46
12. 온 앤 오프　　디드로　　50
13. 범생이 아랍인　　이븐 할둔　　54
14. 내 아내는 MC^2　　아인슈타인　　58
15. 촘스키를 타다　　촘스키　　62
16. 경험론의 역공　　로크　　67
17. 콩트와 함께 저녁 식사를　　오귀스트 콩트　　70
18. 방주냐 죽음이냐　　피터 싱어　　74
19. 진짜 리쾨르　　폴 리쾨르　　78
20. 내 인생의 인도인　　간디　　82

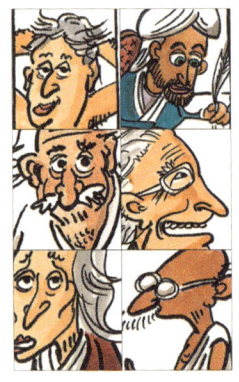

CONTENTS

21. 에페소스 해변 헤라클레이토스 86
22. 저작권 도둑 프루동 90
23. 포스트 마더니티 리오타르 94
24. 금욕의 기술 마르쿠스 아우렐리우스 98
25. 끝을 알려주마 후쿠야마 102
26. 베버와 베버의 돈 막스 베버 106
27. 도를 아십니까 노자 110
28. 바디우의 장정 바디우 114
29. 일차원에서 삼차원으로 마르쿠제 118
30. 그렉시트 고대 그리스 학파들 122

31. 진짜 미개인 아마르티아 센 126
32. 성경 사랑 마틴 루터 130
33. 엄지한다 고로 존재한다 미셸 세르 134
34. 몽롱 아롱 아롱 138
35. 그리스에 진 빚 키케로 142
36. 펍에서 팝 문화 슬라보예 지젝 146
37. 왕자의 별 어린 왕자 150
38. 쓸모없는 라캉 라캉 154
39. 꿈꾸는 킹 마틴 루서 킹 158

감사의 말 164

1. 마스터 셰프

소크라테스

플라톤과 소크라테스의 관계는 절대 단순하지 않다. 플라톤은 소크라테스의 제자였고 소크라테스는 저서를 남기지 않았다. 그러나 그는 플라톤 **대화편**의 주요 등장인물이 됐다. 따라서 우리는 플라톤의 **대화편**을 읽으며 플라톤의 생각을 따라가는 것인지, 아니면 소크라테스의 생각을 따라가는 것인지 의문을 품게 된다. 철학 역사상 가장 난해한 수수께끼 중 하나가 바로 이것이다. 어쩌면 이 의문에 대한 답은 영원히 알 수 없을지도 모른다.

플라톤이 주최한 향연에 초대된 손님들, 진지한 정신으로 무장한 이 철학자에게 소크라테스가 느꼈을 불편은 충분히 이해할 만하다. 한 사람은 엄격한 채식주의자에다 고집불통이고, 또 한 사람은 유대인 전통의 코셔 음식만 먹는다. 소크라테스의 반어법에는 믿음과 견해가 확고한 대화 상대를 동요하게 한다는 명확한 목적이 있다. 소크라테스는 정신을 일깨우는 기술인 '산파술'을 통해 '확신'이라는 감옥에 갇혀 있는 대화 상대를 잠에서 깨우고 해방하는 법을 알고 있었다. 소크라테스는 어떤 견해에든 절대

단정 짓지 않았다. 그는 오로지 질문을 던질 뿐이었다. 소크라테스는 회의주의자와 휴머니스트의 면모를 동시에 갖추고 있었다. 간혹 퉁명하게 보였던 그의 반어법은 대화 상대의 지성에 거는 일종의 내기와 같았다. 그에게 철학은 연회 같은 것이었으며, 그 연회에서는 의심과 반어법이 함께 어우러졌다. 또한, 논거를 제시할 수만 있다면 모든 반론이 허용됐다. 확신에 가득 찬 신자들의 모임과 달리 이 연회는 대화 상대와 함께 먹고 마시며 서로 의견을 교환하는 잔치였다.

재판이 열렸을 때 소크라테스를 소환한 죄목은 물론 신성모독 죄였다. 여기에는 젊은이들을 타락시키고, 공공질서를 어지럽혔다는 죄목도 포함되어 있었다. 그러나 소크라테스는 보통 사람들이 정의나 사랑을 이야기하며 아테네 거리를 돌아다니게 했을 뿐이다. 사형 집행 전날 밤, 제자들은 모두 그를 찾아왔다. 하지만 그중에 플라톤은 없었다.

SOCRATE, BC 470~BC399
아테네 출신 철학자. 산파의 아들이자 플라톤의 스승. 당대 사람들에게 헤아릴 수 없을 만큼 많은 도움을 줬지만(권력은 이를 위험한 일로 간주했다) 예수가 그랬듯이 사형 선고를 받았다.

2. 아담과 이브

애덤 스미스

맛있는 스테이크 고기를 구할 때 가장 중요한 조건은 무엇일까? 정육점 주인의 후한 인심일까? 애덤 스미스는 이익 문제가 걸렸을 때 양심을 믿어서는 곤란하다고 말한다. 스테이크 고기가 싸고 맛있다면, 사람들은 그 가게를 다시 찾을 것이고, 정육점 장사도 차츰 번창할 것이다. 빵집 주인도 사정은 마찬가지다. 그가 훌륭한 빵을 정성껏 만드는 이유는 이타심의 발로가 아니라 철저히 계산을 따른 것이다. 이처럼 고기나 빵이 맛있고 값도 싼 이유는 가게 주인들이 이익을 많이 남기겠다는 의도를 충실히 따른 것이다. 그들이 최상의 사회를 만들겠다는 목적 따위를 세울 필요는 어디에도 없다. 이렇게 '개인은 보이지 않는 손에 인도되어 자신이 전혀 의도하지도 않았던 목적을 달성하게 된다.' 여기서 목적이란 물론 공공의 이익을 의미한다.

그러나 자유주의에 반대하는 사람들은 애덤 스미스의 이론을 비판한다. 그들은 만약 애덤 스미스의 이론을 따른다면, 정부가 해체되고, 어떤 상황에서든 시장경제 원칙을 따라야 하며, 보이지 않는 손이 우리를 최상의 사회로 인도하는 만큼 불평등도 생겨난다고 생각했다.

하지만 이런 생각은 애덤 스미스의 이론을 오해한 데서 비롯한 것이다. 왜냐면 그는 '보이지 않는 손'이라는 개념을 단지 비유적으로 사용했을 뿐이기 때문이다. 애덤 스미스는 시장경제의 불균형을 개선하기 위한 국가의 개입을 정당화한 최초의 이론가였다. 이 이론을 통해 그는 사실상 20세기 사회과학 분야에서 선도적 역할을 하게 될 개념을 매우 정교한 방식으로 예고했다. 그에 따르면 개인의 사적인 목표는 긍정적이며 동시에 부정적인 다른 모순들과 맞닥뜨릴 때 상반된 결과로 귀결될 수 있다. 따라서 앞의 만화에서처럼 그가 뺨이 얼얼하도록 따귀를 얻어맞은 것은 다소 부당해 보인다. 오히려 따귀를 맞아야 할 쪽은 국가에 대한 증오와 강자의 지배를 정당화하겠다는 일념으로 제대로 알지도 못하고 제멋대로 그의 이론을 원용하는 사람들이다.

ADAM SMITH, 1723~1790
영국의 철학자·경제학자. **국부론**으로 그는 대표적인 자유 사상의 아버지가 됐다.

3. 시오랑의 곤궁

시오랑

'유일한 불행은 태어난 것'이라고 확신했던 이 허무주의자는 끝내 자살하지 않았다. 시오랑은 **절망의 정점에서**(루마니아에서 스물두 살이었던 그를 하루아침에 유명해지게 했던)를 저술한 적도 없고, "나는 모든 종류의 타락을 알고 있는데, 거기에는 물론 성공도 포함된다."와 같은 웃기는 글을 쓴 적도 없는 평범한 노인처럼 알츠하이머병을 시름시름 앓다가 죽었다. 자신을 스스로 '맹목적 광신도'라고 부른 그는 신을 믿지 않으면서도 신에게 자주 말을 걸었는데, 그렇게 '신을 질책'했을 뿐 아니라 '날림으로 만든 피조물'이 신에게 맞서게 했다. "쉼표 하나를 위해 죽을 수 있는 세상을 꿈꾼다."고 했던 그는 결국 문체의 위대함만을 신봉했다. 니콜라 드 샹포르나 마담 드 스탈에게 크게 영감을 받아 고전 프랑스어로 집필했던 이 루마니아인은 실제로 희한한 방식으로 쾌활하기조차 했던 비관론자였다. 최악의 상황을 예상하고 완벽하게 절망한 상태에 있어야 한다는 그의 생각이 어떤 상황에서도 실망하지 않는 방법처럼 제 역할을 훌륭히 해낸 셈이었다. 자살

가능성 역시 역설적이게도 그에게 존재의 부조리를 견뎌낼 힘이 됐다. 그러나 자살에 관한 그의 주장은 더 심오한 진실을 감추고 있다. 즉 사랑과의 만남, 우정과의 만남, 바흐의 소나타가 발산하는 숭고한 아름다움과의 만남은 우리가 거기에 아무것도 기대하지 않을 때, 그러니까 "매 순간이 기적인 지옥의 밑바닥에서 살고 있다."고 생각할 때 더 광적인 것이 된다는 것이다. 말년의 니체와 마찬가지로 금언 형식의 글에 관심을 쏟았고, 일관성 있는 자아에 바쳐진 모든 생각과 체계를 거부하고 불교의 금욕주의만큼이나 성경에 등장하는 욥이라는 영락한 인물에 완전히 매료되었던 시오랑은 젊은 날 파시즘을 신봉했던 과거, 다시 말해 철십자군을 옹호하고 친나치·반유대주의 성향의 국수주의 정당을 지지했던 자신의 행위를 한 번도 명확하게 해명하지 않았다. 분노에 찬 회의와 정치에 대한 철저한 무관심으로 점철된 그의 저서들이 반세기 가까이 지난 오늘날 메아 쿨파('나의 죄')처럼 세상에 울려 퍼질 수 있을까?

EMILE CIORAN, 1911~1995
루마니아 출신 작가·철학자. 카르파티아에서 출생했으나 1938년부터 사망할 때까지 파리에 거주했다. **절망의 정점에서, 해체의 서론, 고뇌의 삼단논법** 등 작품 제목만 봐도 그의 생각을 충분히 엿볼 수 있다.

보부아르

사르트르가 우월한 위치를 차지하고 있었던 것은 사실이다. 하지만 그는 단지 '우발적 사랑'의 대상이었던 여느 여성들과 달리, '필연적 사랑'이라고 불렀던 자신의 쌍둥이별 보부아르만은 자기 그림자 같은 존재로 여기지 않았다. 두 사람은 저서를 통해 서로 끊임없이 격려했다. 그들은 성별과 상관없이 외람된 놀이 정도로 간주했던, 그리고 그들에게 매료됐던 수많은 젊은이에게 한 번도 보여준 적이 없었던, '상호 존중'을 서로 보여줬다. 보부아르를 문필가로 인정받게 한 1949년 저서 **제2의 성**에서 그녀는 여성의 소외를 조망하는 데 본질주의에 대한 비판이나 본질주의의 기만과 같은 사르트르의 실존주의 개념을 완벽하게 사용했다. 보부아르는 남녀 불평등이 역사와 이데올로기에서 비롯했을 뿐, 인간 본성과 전혀 상관없다고 천명했다. 오늘날 우리는 너무도 당연하다고 여기는 이런 내용이 당시에는 거센 비난을 일으켰고, 그녀의 책은 급기야 바티칸의 금서 목록에 올랐다. 지금까지 남성들은 계획을 세우고 관계를 맺는 등 일상의 삶뿐 아니라 초월적인 문제까지 모든 것을 독점할 권리를 스스로 자신에게 부여했고, 반면에 '내재성'과 모성의 이미지로 덧씌워진 여성들에게는 하루하루가 늘 똑같은 반복적인 삶이 예정되었을 뿐이라고, 보부아르는 치밀하게 논증했다. 이 책의 몇몇 장은 오늘날에도 여전히 정곡을 찌른다. 그녀는 막무가내로 절망적인 기다림을 추동할 뿐인, 실현 불가능한 이상과 같은 '영원한 여성'의 신화를 해체했고, "폭군에게 스스로 복종하지 않는다면, 그와 싸우거나 그를 쓰러트릴 필요도 없다. 문제는 그에게서 무엇인가를 빼앗는 것이 아니라 그에게 아무것도 자발적으로 가져다 바치지 않는 것이다."라고 했던 라 보에티의 정신을 이어받아 일부 여성의 자발적 복종을 냉철하고 날카롭게 비판했다. 클로드 레비-스트로스의 비판이 있고 나서 그녀는 신랄한 공격의 대상이 되었고 비합리적인 증오의 대상이 되는 경험을 사르트르와 공유했다. 특히, 대부분 가톨릭 신자에게 여성의 성(性)과 관련된 그녀의 언급은 몹시 불쾌했다. 공산주의자들도 계급투쟁을 통한 해방만을 원했다. 그러나 실존주의에서 추진력을 얻은 그녀의 전위적 페미니즘은 미국을 필두로 세계 곳곳으로 뻗어 나갔다. 뛰어난 작가이지만 고질적인 남성 우월주의자인 미국 작가 노먼 메일러는 자기 아내에게 **제2의 성**에 손을 대는 날, 결혼생활이 끝장날 줄 알라고 윽박질렀을지도 모른다!

SIMONE DE BEAUVOIR, 1908~1986
프랑스의 철학자·소설가. **얌전한 처녀의 회상, 레 망다랭**(1954년 공쿠르상), **작별 의식**의 저자.

예수

유대인들은 신을 생각해야 했고, 신을 생각했다. 그렇게 그들은 일신교를 세웠다. 시간은 비록 오래 걸렸지만, 그들은 인류 최초로 선한 신을 상상해 낸 민족이 됐다. 어쨌든 기독교인들이 유대인들에게 진 빚에 관해 알고 싶다면 그리 멀리서 찾을 필요도 없다.

1950년대까지도 대다수 달력에는 1월 1일이 '예수의 할례일'로 표시돼 있었다. 예수가 제자들과 마지막으로 함께 식사했던 '최후의 만찬'도 다름 아닌 유월절의 모방이다. 유월절은 유대 민족이 이집트에서 탈출한 사건을 기념하는 유대 명절이다. 부활절 식사 때면 유대인들이 늘 그래왔듯이 예수와 그의 제자들도 빵을 나눠 먹고 포도주를 나눠 마셨다. 세례 요한이 요르단에서 예수에게 해줬던 세례도 유대의 청결 관습을 떠올리게 한다. 예수는 아람어와 히브리어를 구사했고 안식일을 지켰으며 코셔 음식을 먹었다. 한마디로 그는 훌륭한 유대인이었다.

그렇다면 기독교는 어떻게 탄생했을까? 애초에 사람들은 예수가 신의 아들이라는 사실을 어떻게 믿기 시작했을까? 복음은 어떻게 전파됐을까? 참으로 불가사의한 일이라 하지 않을 수 없다.

예수는 확실한 능력을 갖춘 샤먼이었지만, 말로 설명할 수 없는 신비스러운 능력을 타고난 사람은 예수 말고도 많이 있었다. 예수는 사람들을 바라보며 말한다. "너희는 서로 사랑하라." 예수는 신의 율법을 지키라고 엄명하는 데 그치지 않고, 그들에게 이렇게 말한다. "너희는 원수마저도 사랑하라." 너희 영혼을 구하기 위해서가 아니라 그렇게 하는 것이 옳은 일이기에 실천하라고, 천국을 염두에 두지 말고 사랑의 강력한 힘에 마음을 열면 '신의 왕국이 저절로 다가오리라'고. 신의 왕국이 이미 가까이 있으며, 곧 그때가 올 것이며, 우리가 이 사실을 믿지 않는다 해도 신은 이미 여기에 있다고 말한 사람은 그가 처음이었다. 믿지 않는 사람들을 위해 이토록 낯설고 아름답고 역설적인 사실을 들려준 최초의 인물이 바로 예수였던 것이다.

JÉSUS DE NAZARETH

나사렛의 예수는 갈릴리의 유대인으로 아마도 기원전 5년경 태어나고 기원후 30년 십자가형을 받아 죽음을 맞이했을 것이다. 그가 실존 인물이라는 사실에는 오늘날 논란의 여지가 없다. 유대인과 이슬람교도에게는 선지자이며 기독교인에게는 신의 아들인 그는 몇 년간의 짧은 포교 활동과 평화와 사랑에 관한 혁명적 계시로 유명해졌다.

6. 유행이란 무엇인가

메를로-퐁티

모리스 메를로-퐁티는 스타일에 대해 놀라운 정의를 내린다. 스타일은 공간적·시간적 한계에서 벗어나 나머지 세계를 배경으로 나타나는 방식이다. 이것은 얼굴 생김새뿐 아니라 옷차림도 잘 구별하지 못하는 우리가 낯선 사람들로 붐비는 거리에서 저 멀리 있는 친구를 단박에 알아보는 이유이기도 하다. 우리가 알아본 것은 바로 그 친구의 스타일이다. 이처럼 스타일은 오로지 자신에게만 있는, 나타나는 방식이다. 메를로-퐁티에게 외양은 전혀 피상적인 개념이 아니다. 따라서 독일 철학자 에드문트 후설의 영향을 받은 이 '현상학자'에게 "현상 뒤에 존재하는 것은 아무것도 없다." 그러니 플라톤이나 기독교인들처럼 외양 뒤에 숨어 있는 본질 따위를 가정하고 백날 찾아봐야 아무 소용 없다. 우리가 외양의 작용에서 인지하는 진리 외에 또 다른 진리는 존재하지 않는다는 것이다. 그러나 외양이 고정된 것은 아니다. 외양은 '나타남'이며, 메를로-퐁티가 매력적인 이름 지어 부른 '세계의 살'이라는 것을 바탕으로 사물이나 인간이 모습을 드러내고

형태를 갖추는 움직임을 뜻한다. 메를로-퐁티는 세잔의 그림, 특히 화가의 붓을 통해 단박에 알아볼 수 있도록 제공되고, 마치 저절로 부각하는 듯한 **생트-빅투아르의 산**에 흠뻑 매료됐다. 이 산의 아름다움은 산의 솟구쳐 오르는 방식에 있으며, 산의 진리도 매한가지다. 여기서도 외양 뒤에는 아무것도 없다. 따라서 이 지각의 이론가, 육체와 의식의 불가분성을 주장한 이론가가 나이트클럽을 개장한 것은 논리적으로 당연한 결과다. 여러분은 우리가 춤추는 스타일, 주어진 시간과 공간에서 우리가 자신을 드러내는 스타일이 우리에 관한 진실을 얼마나 정확하게 보여주는지 생각해본 적이 없는가?

MERLEAU-PONTY, 1908~1962
프랑스의 철학자. 사르트르의 친구였으나 두 사람은 사이가 틀어졌다. 주요 저서로 **휴머니즘과 폭력, 보이는 것과 보이지 않는 것, 지각의 현상학** 등이 있다. 53세에 심장마비로 사망했을 때 20세기 가장 중요한 저서 한 권을 집필하던 중이었다.

주디스 버틀러

각자가 자신의 복합적인 정체성이나 양면성을 더욱 만끽하며 살아갈 수 있는 세상을 만들기 위해 지구에서 버틀러 대장은 지난 30년간 쉬지 않고 싸워왔다. 스스로 '완벽하게 남자'라고도, '완벽하게 여자'라고도 느끼지 못하는 사람들의 취약함에 주목한 그녀는 젠더가 생물학적 성(性)에 의해 결정되지 않는다는 사실을 밝혔다. 그녀의 책은 상당한 반향을 일으켰고, 교황 베네딕토 16세의 관심을 끌기도 했다. 그러나 단 하나의 젠더 이론만이 존재하지 않는다는 사실과 그녀 이전에 이미 많은 젠더 연구가 진행됐다는 사실로 미루어볼 때 그녀가 처음으로 젠더 이론을 제시한 것은 아니다. 주디스 버틀러의 공헌은 영국의 철학자 오스틴을 탐독했고, 그가 말한 '수행적 발화', 즉 "말한다는 것은 곧 행동한다는 것이다."라고 했던 언어의 힘에 관심을 기울였다는 사실에 있다. 우리가 자주 글에서 보는 것과 달리 그녀는 생물학적 성의 존재를 부정하지 않지만, 생물학적 성을 정의하는 언어가 우리를 성적 본성에 가둘 위험이 있다고 명확하게 말한다. 이보다 더 나쁜 것은 사회적 정체성이란 결국 영화나 광고, 부모의 충고나 가르침을 통해 전파되고 반복되는 과정에서 학습된 결과일 뿐인데, 이를 자연적인 본성으로 인식할 때 생기는 위험이다. 버틀러의 가장 뛰어난 저서들(비교적 잘 읽히는)에는 사르트르의 분위기가 느껴지는 대목도 있다. 그녀는 가령 어떤 여성 페미니스트가 여성 자격으로 자신을 표현할 수 있듯이 남성도 자신의 '젠더'에 완전히 포괄되지 않는다는 사실을 알고 있다는 전제에서 남성 자격으로 자신을 표현할 수 있고, 특히 남녀 각자 자신만의 방식으로 젠더를 이해할 수 있고 또 영위할 수 있다고 주장한다. 치열한 전투가 벌어지는 전선에서 조금 뒤로 물러나려는 것일까? 대결을 회피하려는 것일까? 아니, 버틀러 대장은 그따위 비겁한 짓을 전혀 염두에 두지 않을 것이다. 오히려 이런 상황에서는 지배적인 이성애적 관점과 그 관점이 강제하는 규범과 그 관점에 저항하는 자들에게 강제로 덧씌우는 정형화된 유형에서 벗어나야 한다.

JUDITH BUTLER, 1956~
미국의 철학자. 프로이트나 라캉, 시몬 드 보부아르와 달리 **젠더 트러블**이나 **젠더 해체** 등 저서에서 남성성이나 여성성의 '불가피한 수행성'에서 벗어나자고 제안했다.

8. 숲속의 얼간이

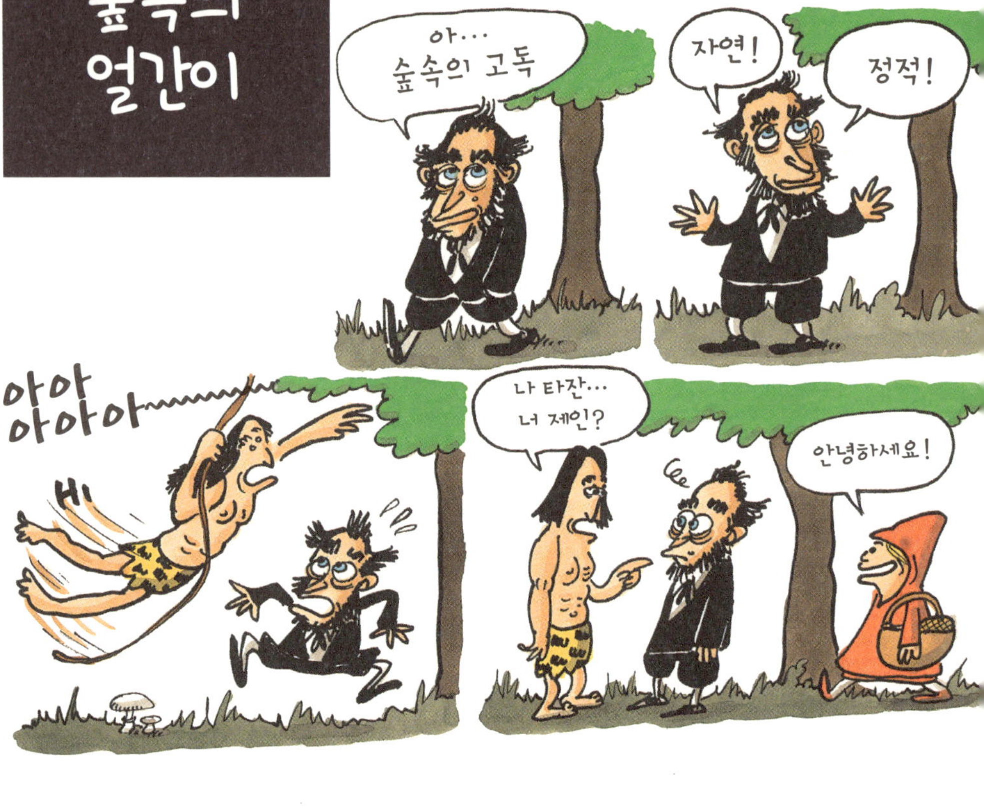

소로

'깨어 있는 삶', 이것이 바로 헨리 데이비드 소로가 친구이자 멘토인 에머슨과 마찬가지로 진심으로 추구했던 것이다. 이 세상에서 더 강렬하게 존재하고, 지각이 최대한 예민한 상태로 살아가는 것이다. 과거 유럽의 낭만주의에서 징징대고 눈물 짜는 부분을 제외하면 바로 에머슨과 소로가 지향하던 것이 무엇인지 알 수 있다. 그것은 아마도 미국이라는 나라에서 찾아볼 수 있는 최상의 것이다. 다른 미국이 아니라 도가 **장자**나 **바가바드 기타**에서 좋은 삶, 정의롭고 철학적인 삶의 비밀을 찾으려는 미국 말이다. 우리는 미국식 정크 푸드와도 생산 중심주의와도 거리가 멀다. 시민 불복종에 관한 헨리 데이비드 소로의 에세이는 간디의 비폭력 정책을 이끌어냈고, 그의 걸작 **월든**은 소로가 탁월하게 설명했듯이 '영원한 만남의 은총'을 자기 방식으로 이해했던 히피들에게 큰 영감을 줬다. 고향 콩코드에서 그리 멀지 않은 숲에서 2년쯤 살려고 집을 떠나오면서 소로는 자연을 만나고자 했고, 자연의 원칙을 인간들의 윤리적 원칙이 본받아야 할 무엇으로 이해하려 시도했다. 그는 자연의 원칙을 통해 느림과 단순함을 우리의 삶에서 가꾸어나간다. 앞의 만화에 대해 오해하지는 말자. 소로는 인간 혐오자도 편집증 환자도 아니다. 루소와 달리 그는 동족으로부터 도망치려고 도시를 떠난 것이 아니라 경탄하는 자신의 능력을 되찾고, 되찾은 이 능력으로 타자의 의미를 되찾기 위해서 그렇게 한 것뿐이다. 타인에게 최대한 집중하기 위해서 그는 무엇보다도 자기 자신과 직면할 수 있어야 했다.

사실, 헨리 데이비드 소로가 깊은 숲속에서도 만남보다 더 좋아한 것은 없다. 단지, 수많은 사람을 시끌벅적하게 동시에 만나기를 바라지 않았을 뿐이다.

Henri David THOREAU, 1817~1862
미국의 철학자·시인. 특히 **월든 혹은 숲속의 생활**과 '우리의 삶이 평화로운 절망 속으로 흘러가고 있다'로 서두를 시작하는 **위기의 주부들**의 저자.

카뮈

카뮈는 사르트르를 결딴냈을까? 아니다. 사실은 그 반대였다. 사르트르는 카뮈를 박살 내기로 작심하고 온갖 수단을 동원했고, 결국 카뮈는 한동안 긴 침묵에 빠졌다. 사르트르는 무대 위에서 찬란한 조명을 받으며 서 있는 반항적 인간의 저자 뒷전에서 그늘에 파묻히게 될지도 모르는 운명을 두려워했던 것일까? 부르주아 출신 사르트르는 시민 편에 섰다. 문맹 하녀와 농업 노동자 사이에서 태어난 카뮈는 늘 자신이 속한 계급, 즉 가난한 사람들과 '자기 목소리를 낼 수 없는 사람들' 편에 섰다. 사르트르는 프랑스 최고의 명문인 파리 고등사범학교 출신으로 교수자격시험을 일 등으로 통과했다. 카뮈는 독학했다. 제2차 세계대전 당시 사르트르의 행보에는 우여곡절이 있었으나 카뮈의 행적은 일사불란했다. 사르트르는 간혹 전체주의 국가를 위해 붓을 놀렸으나 카뮈는 위대한 사상을 명분으로 피를 흘리게 되는 사태를 항상 경계했다. 사르트르가 빈틈없는 세계에 '구토(la nausée)'를 느끼는 천재 철학자였다면, 카뮈는 부조리(l'absurde)의 한가운데서도 세상의 아름다움에 민감했던, 땅과 바다와 소금의 냄새를 맡을 줄 아는 비범한 작가였다. 이 아름다움과 냄새가 **이방인**의 주인공 뫼르소의 시간에 생명을 불어넣고, 마지막 대목에서 사형당하기 직전 뫼르소에게 '경이로운 평화'를 가져다준다. 카뮈는 **시지프스의 신화**에서 "행복한 시지프스를 상상해야 한다."고 적는다. 왜냐하면 '정상을 향한 투쟁 자체가 인간의 마음을 충분히 채워주기' 때문이다. 미워하는 사르트르를 상상할 필요가 있을까? 솔직히 말해서 1938년 카뮈는 사르트르의 **구토**에 대한 냉혹한 비판으로 먼저 포문을 열었다. 사람은 자신과 가까운 사람을 진정으로 증오한다고 했던가. 사르트르와 카뮈는 모두 니체 철학에 탐닉했고, 신이 사라진 세상에서 인간 존재를 사고해야 하는 절박한 시대를 함께 살았다. 그들은 문학에 대해 같은 신념을 품고 있었다. **구토**에서는 늘 비가 내리고 **이방인**에서는 이글거리는 태양 아래서 사건이 일어나지만, 이 두 걸작은 서른 살도 채 되지 않은 젊은 철학자들에게서 태어났고, 얼마 뒤에 나란히 노벨 문학상을 받았다. 카뮈의 작품들에서 우리는 이전에 볼 수 없었던 부조리를 발견한다. 평등을 표방하는 이 세계의 불공평성을 마주할 때 드는 저항감, 좀 더 강력하게 표현하자면, 이런 감정이 발산하는 비상식적인 아름다움 앞에서 토해내는 경탄 같은 것 말이다. 카뮈는 세계에 대해 사고하기 전에 세계를 느꼈지만, 사르트르는 세계에 대해 생각하는 데서 출발했다. 그리고 두 사람은 각기 가야 할 길을 갔다.

ALBERT CAMUS, 1913~1960
프랑스의 철학자·작가. **결혼, 이방인, 반항적 인간** 같은 걸작을 썼다. 자동차 사고로 요절했다.

아도르노

더 투덜대지 않기 위해서라면 아도르노를 읽는 것으로 충분하겠지만, 그러면 정말로 절망하게 될지도 모른다. 이 절망은 물론 너무도 빛나서 희열을 느끼게 할 정도의 위력이 있다. 독일 나치를 피해 미국으로 떠난 아도르노는 '상처받은 삶에 관한 성찰'을 메모하고 있었는데, 이것은 후일 그의 단상들을 모아 출간한 걸작 **미니마 모랄리아**의 부제가 됐다. 기이하고 끔찍한 말이지만, 우리는 아도르노를 읽으면서 오늘날 우리의 시대 모습을 보는 듯한 착각에 빠진다. 각자의 고유성을 구현할 어떤 기회도 부여되지 않는 개인주의 사회, 자유로운 대화를 말살하는 전체주의적 언어가 지배하고 유머도 예의도 없는 삶, 단 하나의 지평선으로 한정된 소비자의 거짓 행복, 폭발하듯 팽창하는 문화 산업 영역에서 사라져가는 예술의 진정한 가치, 미래를 빼앗기고 절망한 젊은 세대…. 아도르노에게 이런 세계는 인간이 거주할 수 없는 세계이고, 다시 세울 수 없는 문명이다. 반대 관점에서 봐도 철학자들과 학자들이 엄연히 존재했던 국가에서 자행된 유대 민족

말살은 너무도 명백한 사실이었기에, 아도르노는 이를 비판하면서 소신을 굽히지 않았다. 아도르노는 이 문제를 확대한 적은 없으나 소소한 필체로 끊임없이 제기하면서 "아우슈비츠 학살 이후에 시를 쓴다는 것은 야만스러운 짓이다."라는 충분히 강력한 메시지를 우리에게 던진다. 왜 인간이 최고가 되려는 지점에서 최악이 태어나는가? 계몽주의와 합리주의도 괴물을 낳을 수 있는가? 그는 이처럼 거대하고도 진지한 질문을 던진 최초의 철학자 중 한 사람이었다. 1965년부터 아도르노는 하이데거의 '신성화한' 용어를 맹렬히 비판하면서 그가 위험하고 공허한 '존재'의 신화와 '진정성의 파토스'를 존숭한다고 비판했다. 실제로 아도르노는 말로 어떤 상처도 치유할 수 없다는 사실을 잘 알고 있었다. 그래서인지 더욱 말을 조심해서 사용한 음악가이자 작가인 아도르노는 파토스도 과장도 없는 훌륭한 글을 남겼다.

THEODOR ADORNO, 1903~1969
독일의 철학자·작곡가. 마르쿠제, 호르크하이머와 함께 프랑크푸르트학파의 일원. **진정성이라는 특수한 용어, 부정의 변증법** 등을 썼다.

루크레티우스

디즈니 스튜디오가 선보인 또 하나의 천재적인 아이디어다. 루크레티우스는 강력한 효과의 장점을 누구보다도 잘 살릴 줄 알았고, 관객의 마음을 움직이는 서정성과 비극성을 적당히 혼합할 줄도 알았다. 몽테뉴와 빅토르 위고는 물론, 카뮈조차 매료했던 그의 작품 **만물의 본성에 대하여**는 물질 원자론, 내적 혼란 없는 행복의 추구, 두려움에 맞선 싸움 등 에피쿠로스의 주요 명제들을 루크레티우스가 시 형식으로 기술한 것이다. 이 작품이 없었다면 에피쿠로스의 사상은 후세에 이처럼 정확하게 전해지지 않았을 것이다. 하지만 루크레티우스는 여기에 자기 생각을 덧붙이는 일도 잊지 않았다. 이것은 에피쿠로스와는 어울리지 않는 열정이었지만, 루크레티우스가 살던 시대는 너무도 폭력적이었기 때문인지도 모른다. 예를 들어 에피쿠로스가 사람들이 종교적 두려움에서 벗어나도록 작은 세상 하나 만들어내지 못하는 무관심한 신들을 이야기했으나 이에 대해 루크레티우스는 반종교적 취기가 넘쳐나는 시구들은 남겨놓았다.

"모든 이가 보기에 인류는 종교의 무게에 짓눌린 비천한 삶을 지상에서 질질 끌고 다닌다. 종교가 천상의 저 높은 곳에서 모습을 드러내면서, 필멸의 존재들을 공포로 위협하는 반면, 최초로 한 그리스인이 종교에 맞서 과감히 제 필멸의 눈을 들어 올리고, 제 몸을 곧추세운다 […]." 고대를 통틀어 가장 극단적인 무신론자의 글이 여기에 있다. 우리는 시나리오 작가로서의 그가 갖춘 재능을 이 대목에서 가늠해볼 수 있다. 루크레티우스는 에피쿠로스가 정작 그런 인물이 아니었지만, 그를 멋진 반역자로 만들었다. 광기 어린 그의 시는 우연과 원자와 우주의 공간을 다룬 한편의 오드이며, 18세기에 이르러 진공의 존재가 증명되기 훨씬 전에 등장한 최초의 근대 원자론이다. 루크레티우스의 시는 물질주의자의 분노나 자유 연애의 예찬에도 불구하고, 교황청조차 그 아름다움을 높이 평가한 매우 힘든 일에서 큰 성공을 거두었다!

TITUS LUCRETIUS CARNUS
기원전 1세기 로마의 철학자·시인. 여섯 권으로 된 경탄할 만한 미완성 시집 **만물의 본성에 대하여**를 남겨 에피쿠로스를 찬양했다. '행복하게 살려면 숨어 지내야 한다'고 에피쿠로스는 말한다. 루크레티우스는 에피쿠로스의 말을 새겨들었는지, 그의 삶에 관해서는 거의 아무것도 전해지지 않는다.

디드로

디드로는 계몽주의자였지만, 감각적인 사람이었다. 관능적이었고, 심지어 방탕하기까지 했다. **입 싼 보석들**에서 그는 여성의 성기가 말을 하게 하는 마법의 고리를 사용하는 술탄을 상상한다. 이 산문은 매우 선정적이어서 읽다 보면 입가에 은밀하게 미소가 피어오르고, 후끈 달아오른 욕망이 꿈틀거린다. 그러나 책을 다 읽고 책장을 덮고 나면 방금 읽은 내용이 전제주의에 대항하고, 개인의 사생활을 침해하는 정치적 의도에 대항하는 강력한 일발 장전의 선전 포고라는 사실을 깨닫게 된다. 디드로의 재능은 바로 여기에 있다. 그는 문학과 등장인물, 감동과 이미지와 감각으로 에둘러서 결국 철학적 문제를 탐구하도록 유도한다. 끊임없이 육체를 괴롭히는 간힌 삶을 **수녀**에서 무대 위로 올려, 디드로는 살아남으려는 욕망과 기쁨을 거역한다. 이 책은 사르트르의 **구토**나 카뮈의 **이방인** 바로 옆에 놓일 자격이 있는 위대한 철학 소설이다. 이 세 소설에는 무신론 이외에도 소설의 한계를 뛰어넘어 철학적 사상을 견인했다는 공통점이 있다.

사실 디드로는 감각적인 면에서 아주 멀리 나갔다. 그는 감성이 포유동물과 인류의 전유물이 아니라 분자나 식물, 돌멩이에도 있지만 단지 억제됐을 뿐이며, '물질이 보편적으로 갖춘 어떤 것'으로 간주했다. 현대 철학자 엘리자베스 드 퐁트네는 디드로의 이런 사고를 두고 '매혹적 유물론'이라는 적절한 표현을 고안했다. 디드로의 작품에서 돌멩이는 감각하고, 오렌지는 생각한다. 이 광적인 가설로 그는 동시대인들에게 수없이 조롱받았지만, 정작 자신은 조롱 자체를 즐겼다. 자신이 주장한 이론의 대담성을 의식했던 그는 '감각하는 돌'을 믿는 것이 루소처럼 지고의 존재를 믿거나 볼테르처럼 설계자 신을 믿는 것보다는 훨씬 덜 미친 짓이라고 생각했다.

DENIS DIDEROT, 1713~1784
프랑스의 계몽주의 철학자·작가. 달랑베르와 함께 **백과전서**의 주요 저자로 천 개 이상의 항목을 기술했다. **라모의 조카**, **수녀**, **달랑베르의 꿈**과 같은 다양한 장르의 수많은 걸작을 집필했다.

이븐 할둔

어떻게 한 사람이 학문의 모든 분야를 탐구하고, 그리스와 로마뿐 아니라 페르시아 사람과 비잔틴 사람, 베르베르 사람의 모든 지식을 죄다 종합할 수 있었을까? 정신분석학적으로 따져보자. 흑사병은 그에게서 부모를 앗아갔다. 그는 부모가 형언할 수 없는 고통 속에서 죽어가는 모습을 지켜봤다. 어머니가 사망하고 나서 그는 이 상실의 고통이 승화하기를 바라면서 마치 무언가에 홀린 사람처럼 칩거하며 한동안 연구에 몰두했다.

역사학자로서 그는 가장 혁신적인 인물이었다. 동시대인들이 사건을 기록하고 보존하는 데 만족했던 반면, 그는 사건의 원인을 파악하려고 애썼고, 한 걸음 더 나아가 여러 원인이 서로 얽힌 상태를 관찰하고 원인 자체보다는 그런 조건이 형성되는 가능성과 방식을 찾아내려고 했다. 14세기에 그것은 정말로 놀랄 만한 일이었다! 그의 책을 읽다 보면 마치 1950년대 페르낭 브로델 같은 구조주의 역사가의 저서를 읽는 듯한 인상을 받게 된다. 한편, 이 '아랍의 몽테스키외'는 문명의 도약과 쇠퇴에도 주의를 기울인

역사 철학자이기도 했다. 실제로 그에게서는 헤겔이나 오귀스트 콩트의 면모조차 엿보인다! 다윈보다 500년 전에 그는 인간을 원숭이의 사촌쯤으로 정의했다. 누군가가 그에게 신에 관해 물으면, 신에 관한 지식은 과학을 벗어난다고 말하면서 요령껏 빠져나갈 줄도 알았다. 동시대 사람들의 이해를 받지 못한 이 천재는 오랫동안 잊혔다가, 오토만 제국의 몰락으로 각성하게 된 터키 지식인들과 계몽주의 시대 프랑스 철학자들에 의해 18세기에 다시 조명을 받는다. **역사 서설**의 서문에서 이븐 할둔은 '자신의 저서를 주의 깊게, 그렇게 하지 않을 바에는 호의적으로 검토해줄 것을, 그래서 오류를 발견했을 때 수정을 시도해줄 것'을 독자들에게 당부한다. 그렇다. 여러분이 제대로 읽은 것이다. 이 사회학의 아버지는 위키피디아의 취지도 아울러 고안했던 것이다!

IBN KHALDUN, 1332~1406
아브드 알-라흐만 이븐 할둔, 튀니지 수도 튀니스에서 출생했고 카이로에서 사망했다. 철학자이자 정치가였다. 놀라운 전집 **역사 서설**과 세계사 전반을 다룬 **이바르의 책**을 저술했다.

14. 내 아내는 MC²

아인슈타인

이 만화는 사실을 말하고 있을까? 여기서 아인슈타인은 정말이지 모호한 구석이라곤 하나도 없다. 아내가 그에게 영감을 준 것은 대체 무슨 상대성 이론인가? '특수' 상대성 이론? 아니면 '일반' 상대성 이론? 복도에 있는 아인슈타인보다 욕실에 있는 아내에게 시간이 더 빨리 흘렀다고 생각한다면, 특수 상대성 이론일 것이다. 이 이론을 통해 아인슈타인은 뉴턴이 생각했던 것과 반대로, 공간과 시간에 절대성이 있는 게 아니라 서로 상대적이라는 사실을 밝혔다. 그리고 한 걸음 더 나아가, 공간은 줄어들 수 있고 시간은 팽창할 수 있어서 공간과 시간은 사실상 하나이자 같은 것일 수 있다고 생각했다. 영화 **인터스텔라**에 나오는 초고속 우주 왕복선에서의 시간이 지구에서 그 우주선을 지켜보는 사람들의 시간보다 더 느리게 흐르는 이유가 여기에 있다. 따라서 욕실의 비유가 들어맞으려면, 그의 아내나 아인슈타인 자신이 상당히 빠른 속도로 자리를 옮겨 다녔다는 전제가 필요하겠지만, 옮겨 다니며 방출된 저 소량의 에너지에서 아내가 머리카락을 다

말리기를 기다리는 동안 아인슈타인이 빛을 목격했다는 사실을 우리가 추정해볼 수 없는 것은 아니다.

그러나 그가 후일 진행한 작업은 이와 반대로 또 다른 이야기를 들려준다. 그는 중력을 이해하려고 자신의 이론을 일반화했고, 그 과정에서 누구도 상상할 수 없었던 사실을 발견했다. 중력은 힘이 아니라 에너지의 밀도가 시공간(혹은 공시간)을 변형시키는 방식이라는 사실을 발견한 것이다. 우주에 대한 개념이 여기서 발칵 뒤집혔다. 이제 지구는 태양 주위를 돌지 않는다. 지구는 우주 공간을 향해 직선으로 움직이고, 이 공간이 태양 주위를 돌기 위해 변형된다. 바로 이렇게 해서 빅뱅이나 우주의 무한팽창 이론, 끈 이론, 블랙홀 등에 관한 성찰이 가능해졌다. 그뿐 아니라 휴머니스트이자 사회주의자, 평화주의자이자 채식주의자로 활동한 참여 정신 덕분에 학자 아인슈타인이 20세기 위대한 현자 중 한 사람이 될 수 있었다. 특수 상대성 이론에 관련된 그의 발견은 그 자체로 이미 놀라웠지만, 동시대 몇몇 학자도 이 이론에 상당히 근접해 있었다. 일반 상대성 이론으로 아인슈타인은 인간의 능력을 초월했다고 할 만큼, 마치 괴물처럼 시대를 앞질러버렸다. 물론 아내의 시간 지연과 그의 이론 사이 연관성이 명확히 규명된 것은 아니지만 말이다.

ALBERT EINSTEIN, 1879~1955

독일 태생 스위스인. 미국인이었다가 무국적자가 된 천재 과학자. 26세가 되던 1905년 한 해의 연구만으로 반세기 동안 모든 학자가 이룩한 업적보다 더 뛰어난 과학 발전(상대성 이론, $E=mc^2$ 등)을 실현했다. 물론 1905년 이후에도 놀면서 지내지는 않았다.

촘스키

무엇을 덧붙일 수 있을까? 이렇게 말해야 할 것 같다. 지칠 줄 모르고 미국의 대외정책을 비판했던 촘스키는 실제로 혁신적인 저작들을 출간한 엄밀한 언어학자였다고 말이다. 그가 보여준 입장들은 심지어 가장 극단적인 경우를 포함하여 항상 명백한 자료로 뒷받침되었고, 정확한 논지를 통해 설명됐다. 문제는 '피부를 그을린 온갖 사람'이 모두 앞다투어 '촘스키를 탄다'는 데 있다. 이들은 간혹 이 석학이 제시한 이론의 내용을 이해하지도 못한 채 흉내만 내고, 그의 저작을 제대로 읽을 능력도 모자라면서 그가 다룬 주제들을 더듬는다. 이들 중에는 야만적인 유대인 배척자, 증오로 가득한 하층 백인들, 반아메리카주의자들, 특히 인터넷에서 나날이 늘어나는 '음모론자들'을 포함하여 오만가지 군상이 두루 포진되어 있다. 아무도 달에 착륙한 적이 없으며, 9·11 테러가 미국의 비밀 정보기관이 조장한 사건이라고 믿는 이 음모론자들은 하나같이 촘스키의 **여론 조작**을 대단히 즐겨 인용하지만, 사실 이들은 촘스키를 완전히 잘못 이해하고 있을 뿐이다.

탁월한 에세이 **여론 조작**에서 촘스키는 엘리트 양성 시스템과 대중매체의 대규모 자본이 어떻게 이견의 여지가 없는 다수의 견해, 즉 '여론'을 만들어내는지 적나라하게 폭로한다. 그는 예를 들어 미국이 온갖 변명을 늘어놓으며 수시로 인권을 유린하고, 미국의 영향력을 강화하려는 제국주의 국가의 모습으로 다른 나라 내정에 간섭하는 것이 아니라, 인권과 자유를 옹호하기 위해 그렇게 한다는 견해가 미국에서 대대적으로 인정되는 현실을 강력하게 규탄한다. 게다가 촘스키는 누군가 이런 '프로파간다'를 대대적으로 퍼트리거나 끌어모은 게 아니라는 사실을 정확히 밝히는 데도 주의를 기울인다. 이 모든 여론 뒤에서 벌어지는 사악한 조작은 아예 존재하지 않으며, 말 그대로 어떤 음모도 존재하지 않는다고, 그는 말한다. '누군가'가 우리에게 거짓말하고, '누군가'가 우리에게 진실을 은폐한다는 음모론 신봉자들의 반복된 주장에 대해 촘스키는 이 문제 전반이 사전에 다루어져야 한다는 사실을 증명해 보인다. 어떤 견해가 지배적으로 주목을 받는다면, 그것은 그 견해를 퍼트리는 사람들이 같은 학교나 대학에서 그렇게 사고하는 법을 배웠기 때문이며, 교사들은 이들에게 비판 능력을 길러주지 않은 채 오로지 한 가지 방식으로 사안을 바라보도록 가르쳤기 때문이다. 따라서 무정부주의자 촘스키 뒤에는 휴머니스트 촘스키가 자리하고 있다. 비록 그가 자주 가면으로 얼굴을 가린 채 활동하지만 말이다. 이 생성문법의 창시자는 교육에서 양심을 신뢰하는 사상가이기도 하다. 그는 자유로이 사고하도록 교육받은 우리가 정보의 홍수 속에서 조장되는 암묵적인 이데올로기에 대해 스스로 의문을 제기할 수 있기를 바란다. 그가 단순했더라면, 그는 자신을 제멋대로 원용하는 사람들 때문에 분명히 비탄에 잠겼을 것이다. 미국 국적의 유대인 촘스키는 아랍의 독재 정권이나 과거 소비에트 사회주의 연방의 정책보다 미국의 정책과 미국의 우방 이스라엘의 정책을 훨씬 더 격렬하게 비판한다. 균형 잡히지 않은 비판 때문에 그는 자주 의심의 대상이 되기도 한다. 그렇다면 그는 왜 그토록 '그들'을 비판하는 데 집착하는 것일까? 이에 대한 촘스키의 대답은 자못 흥미롭다. 그는 자신의 입장 표명이 결과를 도출해낼 수 있는 지점까지 밀고 나가서 결국에는 영향력을 행사할 수 있기를 바라기 때문이라고 말한다. 이는 책임이나 도덕과 관련된 문제라고도 할 수 있다. 자기 목소리가 반향을 불러일으키지 못하는 곳에서 목이 쉬도록 외쳐봐야 소용없다. 그래도 몇 가지 에피소드는 사람들의 분노를 사기도 했다. 그는 크메르 루주의 범죄를 프랑스인들이 숙청 명목으로 저지른 범죄와 비교하면서 그 심각성을 축소했다. 또한, 그가 표현의 자유에 대해 표명한 입장 중 하나는 수정주의를 주장했다는 이유로 여러 차례 유죄 판결을 받은 바 있는 로베르 포리송의 책 서문에 실린 적도 있었다. 그래도 촘스키의 과격함에는 최소한 우리의 안일함을 지적으로 흔들어놓는다는 장점이 있다. 숙청 시기에 프랑스인들이 저지른 범죄는 사실상 변호할 수 없는 성질의 것이며, 그 자체로 거의 상기되지 않는 것 또한 사실이다. 마찬가지로 우리는 충분히 의심할 만하다고 여겨지는 어떤 사람의 의심할 만한 의도를 비난하면서 '표현의 자유'라는 원칙을 위해 투쟁할 수 있다. 그러나 앞의 만화에서 보이는 언덕의 경사는 스키를 타는 사람이 자칫하면 미끄러지게끔 만들어졌다. 촘스키 역시 이 미끄러운 경사에서 촘스키를 타기 시작한 것으로 보인다.

NOAM CHOMSKY, 1928~
언어학자이자 무정부주의에 가까운 미국 철학자. 매사추세츠공과대학(MIT) 교수. **통사 구조론**, 에드워드 허만과 함께 집필한 **여론 조작**의 저자.

16. 경험론의 역공

로크

"자, 태초에 영혼이 '백지 상태(tabula rasa)'처럼 어떤 특징도 조금의 관념도 없이 텅 비어 있다고 가정해보자. […] 이 영혼은 어떻게 어떤 사상을 받아들이게 될까? 어떤 방식을 통해 인간의 상상력이 거의 무한에 가까울 정도의 다양함을 제시하는 저 경이로운 양의 관념을 획득하게 될까? […] 이에 대해 나는 '경험'이라는 한 단어로 대답하겠다."라고 로크는 적는다. 이 '깨끗한 석판'은 백지와 같아서 그 위에 우리가 경험한 내용이 차곡차곡 기록된다. 로크의 경험론을 반박하며 라이프니츠는 철학사에서 가장 중요한 논쟁 중 하나를 제기한다. 한쪽에는 경험론자들이 있다. 로크는 아리스토텔레스를 인용한다. 반대쪽에는 합리주의자들이 있다. 라이프니츠는 플라톤을 참조한다. 경험론자들에게 관념은 획득되는 것이다. 합리주의자들에게 관념은 선천적이며, 순수하고, 어떤 면에서는 더 아름다우며, 경험의 상대성에 의존하지 않는다. 이 관념은 현실 세계에 의해 더럽혀지지도 않는다. 라이프니츠는 만일 모든 것이 경험에서 생겨난다면, 절대적인 진리도 과학의 원리도 존재하지 않을 것이라며 경험론은 마침내 우리에게 상대주의를 강요할 뿐이라고 주장한다.

학자 몰리뉴는 로크에게 유명한 문제를 제기한다. 선천적인 시각장애인이 시력을 되찾게 됐다면, 그는 구(球)와 입방체를 구별할 수 있을까? 로크는 물론 그렇지 않다고 대답한다. 구나 입방체를 눈으로 본 경험이 전혀 없으므로 그 사람은 구나 입방체의 관념에 접근할 수 없으리라는 것이다. 로크와 반대로 라이프니츠는 이렇게 반박할 것이다. 구와 입방체의 정의를 배웠다면, 그는 자신에게 내재한 관념을 구별할 수 있을 것이며, 그렇게 해서 구와 입방체도 구별할 수 있다고 말이다. 1728년 외과 의사 체슬든은 백내장 수술로 시각장애인의 눈을 고쳐 시력을 되찾아주었다. 결과는? 앞을 보게 된 시각장애인은 구도 입방체도 구별하지 못했다. 로크 1승, 라이프니츠 1패. 물론 로크와 라이프니츠는 이 외과수술의 결과를 알기 전에 사망했다.

JOHN LOCKE, 1632~1704
영국의 경험론 철학자. 계몽주의와 자유주의 선구자. **인간 오성론**과 **관용에 관한 서한**의 저자.

오귀스트 콩트

때는 바야흐로 19세기. 미래는 새로운 신이 됐다. 독일인에게는 헤겔과 마르크스가 있었다. 그리고 프랑스에는 오귀스트 콩트가 있었다. 콩트 역시 진보 철학론을 전개했다. 헤겔에게 진보의 원동력은 형이상학이었으며, 이는 신 자체를 의미했다. 마르크스에게 그것은 경제 현상이었고 이는 곧 계급투쟁이었다. 콩트에게 진보는 과학이었다. 과학과 기술과 산업이 우리에게 행복을 가져다줬다고, 콩트는 생각했다. 이제부터 숭배의 대상은 성자들이 아니라 위대한 학자들이 됐다. 휴머니즘의 여명기라고 할 '신학의 시대'는 우리 뒤편으로 멀찌감치 물러났다. 인류는 나뭇잎을 뒤져 수염 난 신들을 찾아내는 행위에 마침내 종지부를 찍었다. 바로 뒤에 도래한 '형이상학의 시대'에 인류는 존재, 절대자 등과 같은 추상적 개념들로 신을 대체했다. 이 시대 역시 훅 지나갔다. 마지막으로 우리는 '실증의 시대'에 이르렀고, 이때부터 우리는 모든 것을 과학으로 설명할 수 있다는 사실을 이해하는 진짜 어른이 됐다. 원인과 결과, 법칙과 보존만이 존재한다. 오귀스트 콩트와 함께 식사한다는 것은 곧 '프랑스의 헤겔'과 함께 식사한다는 것이다. 질서와 진보를 좌우명으로 내건 이 인물은 세계적으로 성공을 거두었으며, 브라질에서는 심지어 이것을 국가의 좌우명으로 삼기까지 했다. 하지만 상황이 변했다. 우리가 태도를 바꿨듯이, 이 좌우명도 제 주장을 바꿔나가야 할 것이다. 과학의 진보는 야만으로부터 우리를 보호해주지 않았으며, 기술의 진보가 언제라도 인류를 멸종시킬 수 있는 전대미문의 힘을 갖추게 했다는 사실을, 우리는 깨달았다. 산업의 진보가 지구에서 생존의 가능성마저 위협한다는 사실을, 우리는 뒤늦게 이해했다. 하지만 멋진 남자와의 만남을 상상하고 한껏 기대에 부푼 만화 속 여자는 아직 이런 사실을 알지 못한다. 여자는 아직 골목 귀퉁이를 돌지 않았기에 남자의 실체를 보지 못했기 때문이다. 이 좌우명은 19세기 소녀를 꼬드긴 환상일 뿐이다. 진보라는 칼에는 양날이 있다는 사실, 진보는 질서와 마찬가지로 무질서를 불러온다는 사실을, 이 순진한 여자는 아직 모르고 있다.

Auguste Comte, 1798~1857
프랑스의 철학자, 실증주의 창시자, 사회학의 선구자. 소설가 미셸 우엘벡이 선호한 사상가.

피터 싱어

출입을 통제하고 있는 펭귄은 피터 싱어의 철학과 그의 '실리적 계산'의 논리를 완전히 이해하지 못한 것 같다. 원칙적으로 노아의 승선을 거부할 이유는 전혀 없다. 싱어의 논리에 따라 예를 하나 들어보자. 동물을 먹는다는 사실이 정당화될 수 없다면, '민감한 인간 존재'가 얻는 약간의 이익과 비교할 때 엄청난 수의 '민감한 동물 존재'가 너무도 큰 고통을 겪게 된다. 산업형 가축 사육의 부정적인 결과들을 건강이나 환경 문제로 무마하려고 할 때마다 이런 고통은 심지어 터무니없이 불합리하게 처리되고 만다. '계산'을 통해 싱어는 인간종에 속하든 동물종에 속하든 관계없이, 고통받고 '의식이 있는' 종으로 판명된 모든 존재의 이익을 두루 고려한다. 이게 바로 그가 '반(反)종차별주의'라고 부르는 것이다. 유대인이나 그리스도교인들을 특별히 배려하는 것도 아니다. 그러나 싱어는 모든 삶에 동등한 가치가 있지는 않다고 말하면서, 여기서 한 걸음 더 멀리 나아간다. 고통을 느끼고 이 고통으로부터 선호하는 것을 표명할 수 있는 의식 있는 삶은 고통

받지 않아 아무것도 선호할 수 없는 삶보다 그 자체로 더 가치 있다. 따라서 어머니의 임신 중절 선택은 18주도 채 되지 않은 인간 태아의 생명에 우선한다. 이런 합리적 사유를 끝까지 밀고 나가다 보면, 고통을 느끼고 삶을 의식하는 동물의 삶, 예를 들어 침팬지의 삶이 인간 태아의 삶이나 신경 계통이 망가진 사람, 심지어 양심에 문제가 있는 장애인의 삶보다 더 가치 있다는 생각에까지 도달하게 된다. 피터 싱어가 왜 스스로 인본주의자가 아니라 '공리주의자'를 자처했는지, 왜 어쩔 수 없이 경호원들에게 둘러싸여 강의하게 되었는지 그 이유를 우리는 방금 이해했다. 이제 펭귄이 저지른 오류를 다시 살펴보자. 지상에 남게 된 노아의 고통과 노아를 배에 태울 수밖에 없었던 동물들의 고통을 비교해야 할 필요가 있고, 배에 타고 싶어 하는 노아와 노아 없이 여행하기를 바라는 동물들을 비교해야 할 필요가 있다. 이런 계산이 없으면, 우리는 결정의 집행자가 될 수 없다고, 이 **실천 윤리학의 문제들**의 저자는 우리에게 말할 것이다. 물론 그러기 위해서는 우선 펭귄들을 향한 어떤 종류의 적의도 없어야 한다.

PETER SINGER, 1946~
오스트레일리아 출신 철학자. **뉴요커**에 따르면 '생존 인물 중 가장 영향력 있는 지식인.' 프린스턴 대학의 윤리학 석좌교수. 안락사, 임신 중절, 동물의 권리 같은 문제에 극단적으로 관여하면서 이름을 널리 알렸다. **동물 해방**의 저자.

19. 진짜 리쾨르

리쾨르

그는 철학자이면서 신교도였다. 다시 말해 비판적 사유와 신앙을 동시에 사랑한 사람이었다. 이는 정체성이 다양한 사상가에게 어울리는 특징인지도 모른다. 게다가 고정적이고 '단자적'이며 스스로 확신하는 정체성에 대한 비판으로 더욱 어울릴지도 모른다. 그리고 제목이 '아름다운 **타자로서의 자신**'인 그의 대표 저서를 읽고 그가 이끄는 대로 따라가는 것만으로 충분할지도 모른다. '해석학', 즉 해설이 전문인 이 사상가에게 다가가는 데 일말의 도움을 주려는 듯이 갑자기 랭보와 프로이트가 등장한다. 시인들의 시가 해석되고 종교 책이나 예언서들도 아울러 해석되기 시작한다. 리쾨르는 존재하는 것에 이르는 최선의 길은 따로 없다고 한다. 신에 관한 진리도 우리의 주관성에서 비롯한 진리와 다르지 않다. 이 진리는 논증이 아니라 해석을 통해서만 제시된다. 자신의 고유성을 의심하지 말아야 한다는 사실을 인정하는 반면, 그는 단호하게 '존재하는' 것은 극도로 의심스럽다고 명확하게 말한다. 흄이나 니체 혹은 사르트르를 읽을 때와 마찬가지로,

몸과 마음 상태가 괜찮을 때 리쾨르를 읽으면, 우리는 자신의 정체성에 대한 성가신 유혹에서 온전히 치유될지도 모른다. 그래도 주체가 더는 하나의 '정체성'을 갖지 않는다면, 그 주체를 다시 정의해야 한다는 문제가 남는다. 철학자 리쾨르의 재능은 여기서 빛난다. 주체는 다른 무엇이 아니라 자신이 자기에게 들려주는 일종의 이야기일 뿐이다. 내가 원한다면 나는 다양한 존재가 될 수 있다. 그러나 나의 다양성을 이야기하는 '나'는 항상 같은 나로 남는다. 이 주체는 통일되지 않는다. 다시 말해 이 주체는 단순하지도 필연적인 일관성을 갖추고 있지도 않다. 따라서 이 주체는 본질도 '정체성'도 아니다. 그러나 이야기를 하는 것은 언제나 이 주체다. 이 주체는 수천 가지 방식으로 스스로 이야기할 수 있으며, 비유와 해석을 곁들여 자신의 인생 이야기를 끝없이 이어갈 수도 있다. 이것이 바로 리쾨르가 말하는 '미완성'이라는 개념의 참뜻이며, 아울러 자기 이야기의 주체, 다시 말해 타자로서의 자기 이야기에 접근할 유일한 방법도 바로 여기에 있다.

PAUL RICŒUR, 1913~2005
프랑스의 철학자, 소르본 대학 교수였다가 미국 시카고 대학 교수로 재직했다. **시간과 이야기, 타자로서의 자신 기억, 역사, 망각, 해석에 대하여: 프로이트론** 등 다수의 저서를 집필했다.

간디

간디는 사실 기이한 인물이다. 자주 예측이 빗나가게 하는 이 인물은 힌두교의 신앙생활과 기독교의 복음 사상과 시민 불복종 원리를 하나로 집대성하려고 했다. 그에게는 최소한 두 개 이상의 얼굴이 있었다. 한편으로 그는 모든 신앙생활의 교차점에 있는 현자였고, 보호받지 못하는 사람들과 최하층민의 대변인이었으며, 인도의 독립을 주장한 변호사였고, 마틴 루서 킹이나 만델라, 심지어 아인슈타인 같은 위대한 인물들에게 영감을 준 정신 지도자이기도 했다. 또 다른 한편으로 그는 필요에 따라 비폭력 정신을 전 세계에 보내는 사랑의 메시지로 위장하여 일종의 무기처럼 사용했던, 갈등의 역학 관계를 지배한 전략가이기도 했다. 핍박받는 사람들을 옹호하려는 목적으로 단식을 감행했건, 대영제국이 부당하게 공제한 소금세에 반대하여 침묵의 행진을 주도했건, 모든 것은 비타협의 산물이었다. 그는 이렇게 진실의 이름으로 투쟁하므로 아무에게도 굴복하지 않고, 무기보다 더 강력한 진실을 알고 있으므로 죽음도 두렵지 않다고 말했다. 그의 편벽성이나 강박관념이 비록 칸트를 떠올리게 한다고 해도, 그를 진정한 철학자라고 부르기에는 좀 지나치지 않나 싶을 정도로 그는 의심을 전혀 하지 않았다. 그는 가혹할 정도로 채식을 고집했고, 정해진 업무를 분 단위로 소화해냈으며, 대영제국 해군 제독의 딸이기도 한 아내 미라와의 성관계를 완강하게 거부했다. 순수한 영혼이 무엇인지 알지 못했던 여자가 어떻게 한 남자를 향한 사랑의 힘으로 모든 것을 포기하고 은둔자의 암자에서 척박한 삶을 견뎌낼 수 있었는지, 어떻게 채식주의로 전향할 수 있었는지, 그녀가 이 모든 것을 어떻게 받아들였는지 궁금할 수밖에 없다. 그녀는 혹시 도덕적 폭력과도 같은 압박을 받으며 고된 삶을 살았던 것은 아닐까? 물론 이것은 흔히 위대한 사건 뒤에 가려진 소소한 일화일 뿐이다. 그러나 무대 위에서는 마치 한 사람의 남자만이 존재하는 것 같은 장면이 펼쳐지고, 이 구석 저 구석 아무리 뒤져봐도, 언제나 똑같은 '순수성'을 추구하는 한 남자만이 있을 뿐, 그녀의 모습은 보이지 않는다. 자칫 재앙으로 이어질 수도 있는 이런 판타지가 때로는 역사의 전진에 이바지한다. 게다가 이 둘은 흔히 동시에 이루어지기도 한다.

MAHATMA GANDHI, 1869~1948
인도의 변호사·현자·정치 지도자. 인도의 독립운동과 자신의 '길'을 꿋꿋이 걸어간 죄로 여러 해 감옥에 갇혀 지냈다. 개혁을 반대하는 국수주의자에게 피살되었다.

헤라클레이토스

 물가에서 우물쭈물하는 헤라클레이토스는 보는 이의 애를 태운다. 그는 과연 물속으로 뛰어들 것인가? 아니면 물가에 서서 투정만 부리고 있을 것인가? 아무도 알 수 없다. 게다가 이 만화의 마지막 장면은 '알 수 없는 헤라클레이토스'의 행동이 그가 남긴 멋진 말, "우리는 같은 강물에 두 번 발을 담글 수 없다."라는 명언의 의미를 조금이나마 밝혀주기도 전에 끝나버린다. 왜 우리는 같은 강물에 두 번 발을 담글 수 없다는 것일까? 여름철이면 수많은 가족이 전에 간 적이 있는 똑같은 물가로 휴가를 떠나서 똑같은 물에 똑같은 발을 담그지 않던가? 물은 흘러도 우리에겐 여전히 똑같은 물이다.
 헤라클레이토스의 저술은 남아 있지 않다. 단지 소크라테스와 플라톤이 출현하기도 전이었던 까마득한 과거에 그가 남긴 몇몇 단편이 여기저기 흩어진 채 전해질 뿐이다. 그러나 그 몇 편의 글만으로도 우리는 그의 번득이는 천재성이 전하는 의미를 충분히 이해할 수 있다. "우리는 같은 강물

에 두 번 발 담글 수 없다." 실제로 강물은 영속적인 운동으로 끊임없이 앞으로 나아가므로 우리가 두 번째 발을 담근 강물은 첫 번째와 '같은' 강물이 아니다. 변했다. 그리고 우리 또한 변했다. 헤라클레이토스는 영속성, 본질, 동일성 같은 개념을 비판하면서 "모든 것은 흐른다. 모든 것은 흘러 지나간다."라고 말한다. 삶은 끊임없이 만들어져가는 것, 늘 새롭게 시작되는 변화일 뿐이다. 그런 점에서 헤라클레이토스는 진리가 오직 하나이고 불변하는 것이라고 주장한 또 다른 소크라테스 이전 철학자인 파르메니데스와 정면으로 대립한다. 이제 여러분은 짐작했을 것이다. 헤라클레이토스는 결국 물속으로 첨벙! 뛰어들 것이다. 그것도 아주 즐겁게, 다른 사람들에게 물을 엄청나게 튀기면서. 그가 튀긴 물방울은 그로부터 2,500년이 흐른 지금도 영속성과 영원한 진리, 혹은 각 개체의 동일성을 믿는 모든 사람을 여전히 도발하고 있다.

HÉRACLITE, BC 540~480
소크라테스 이전 그리스 철학자. 그의 고향이었던 에페소스의 이름을 따서 흔히 '에페소스의 헤라클레이토스'라고 불리기도 하고, 모순적 표현을 좋아하고 명료한 표현을 싫어했기에 '알 수 없는 헤라클레이토스'라고 불리기도 한다. 그는 후일 헤겔이 제시한 '생성'의 개념이나 니체가 제시한 '영원 회귀'의 개념에 일찍이 착안했던 철학자였다. 그런 의미에서 후세에서는 흔히 헤라클레이토스 철학의 핵심으로 '유동성' 개념에 주목한다.

프루동

'소유는 도둑질'이라고, 프루동은 말한다. 하지만 노동자를 착취하는 자본가의 소유만이 이 경우에 해당한다. 프루동은 오히려 소규모 자산가와 그의 소박한 '소유'를 예찬할 것이다. 여기서 좀 이상하다는 느낌이 드는 것을 어쩔 수 없다. 무정부주의자 프루동은 '자본주의와 결탁한' 국가를 혐오했지만, 또한 무질서한 사회를 조절하는 기관으로서의 국가는 옹호했다. 따라서 두 방향에서 이해할 필요가 있다. 한편으로 학문적인 엄정성이 모자란 독학자 프루동이 있다. 극단적인 여성차별주의자이자 지독한 반유대주의자였던 프루동의 일면은 이런 특징에서 비롯했으리라고 짐작하고 다음으로 넘어가자. 다른 한편으로 실용주의자 프루동이 있다. 이 경우, 어쨌든 그는 구체적인 발의에 몰두했고, 마르크스가 반박하려고 애썼던 그의 자유 지상주의적 사회주의는 흥미로운 예를 제공한다. 바로 여기서 우리는 프루동의 작품이 매우 혁신적이고 실행 가능한 사유들로 넘쳐난다는 사실을 깨닫게 된다. 실제로 프루동의 제안은 무정부주의자들과 공산주의자들이 고대했던, 마르크스가 사회주의 혁명이 성취되는 '그날' 이루어지리라고 다짐했던 모든 약속과는 한참 거리가 멀다. 프루동은 현대식 상호공제조합의 기능을 예고하는 '무이자 대출'을 구상했으며, 협동조합이나 연방제의 효용을 개념화했고, 오늘날 우리가 "미소 금융(Micro-Credit)"이라고 부르는 제도도 고안했다. 이 모든 것은 '실리적 무정부주의'가 피 한 방울 흘리지 않고도 수립될 수 있다는 사실을 정확하게 말해준다. 프루동은 마르크스와 그의 '이상주의'를 비판했다. 마르크스는 유혈이 낭자한 저서 **철학의 빈곤**으로 프루동의 **빈곤의 철학**에 응수했으며, 그렇게 프루동을 유럽 전역에서 웃음거리로 만들어버렸다. 하지만 이 같은 반응은 전혀 놀랍지 않다. 왜냐하면 서구 기독교 사회는 언제나 실용주의자보다는 이상주의자를 선호해왔기 때문이다. 서구인들에게 필요한 것은 '대단한 이야기'였고, 지금도 마찬가지이기 때문이다. 그들 눈에는 '역사의 종말'을 예고한 마르크스나 폭력을 정당화한 바쿠닌 같은 러시아 무정부주의자가 '미소 정치(Micro-Politics)' 말고는 아무것도 제안하지 않았던 프루동 같은 가난한 자의 아들보다 훨씬 중요한 가치를 지니고 있는 것처럼 보였던 것이다.

PIERRE-JOSEPH PROUDHON, 1809~1863

프랑스의 가난한 통 제조업자 겸 선술집 주인 아들로 태어나 9세 때 목동이 되었다. 이후 무정부주의 사회주의자, 자주 투옥되는 정치 행동가로 변신했다. **소유란 무엇인가?, 경제적 모순 또는 빈곤의 철학, 노동계급의 정치적 역량** 등 60여 편의 저작을 남겼다.

리오타르

'모던하다'는 것은 무슨 뜻일까? '모던하다'는 것은 전통을 완벽하게 거부하고 새로운 시대를 연다는 뜻이다. 군주제와 완벽하게 단절하고 처음으로 공화주의 시대를 열었던 프랑스 혁명가들은 '모던했다.' '과거를 백지상태로 돌리고' 완전히 새로운 예술을 발명하려고 계획한 20세기 아방가르드들 역시 모던하다. 실제로 아방가르드들은 의도적으로 가장 모던해지려고 애쓰는 사람들이다.

그렇다면, '포스트모더니즘'이란 무엇인가? 우리가 완벽한 단절 가능성을 더는 믿지 않는 상황에서 추구하는 가치를 의미한다. 우리는 전통적인 자료와 새로운 요소를 뒤섞을 때 만족한다. 포스트모더니즘은 이런 믿음의 종말을 아방가르드와 연관 짓는다. 그리고 장-프랑수아 리오타르와 더불어 이 개념은 더 넓은 의미로 확장된다. 그는 1950년대에 시작된 포스트모던 시대를 '거대 서사'가 종말을 맞이한 시대로 정의한다. 계몽주의와 루소, 칸트와 차츰 해방된 시민, 정신의 역사적 승리를 선언한 헤겔과 사회적 불의의 종말을 예언한 마르크스의 서사가 이렇게 종말을 맞이한다. 포스트모던 시대에 산다는 것은 이 모든 희망이 동시다발적으로 애도의 대상이 되는 시대에 산다는 것이며, 세계나 세계의 의미에 대한 포괄적 전망을 지지하지 않는 예술 작품을 창조하거나 정치적 사안들을 끌어내려고 한다는 것을 의미한다. 포스트모던은 지금 이 시대에 담론의 어마어마한 위기가 찾아왔다고 말한다. 이제 거대 담론이 더는 존재하지 않는다면, 당연히 작은 담론들만이 남게 된다. 아무것도 믿지 않게 될 때, 우리는 비로소 모든 것을 조롱하기 시작한다. 어떤 의미에서, 또한 자신도 알지 못한 채 리오타르는 아이러니가 일반화된 시대, 패러디와 풍자의 시대, 주저 없이 '허무주의 시대'라고 부를 만한 시대를 처음으로 예견한 사람이 됐다. 그렇다면, 우리 시대는? 우리 스스로 대답해야 할 것이다. 우리는 의사의 현명한 조언을 경청할 수도 있고, 선배들이 무척 매료되었던 리오타르의 담론이 우리를 지배하도록 내버려 두지 않을 수도 있다. 또한, 우리 시대의 '거대 서사'를 고안해낼 수도 있다.

JEAN-FRANÇOIS LYOTARD, 1924~1998
프랑스의 철학자. **분쟁**, **포스트모던의 조건** 등을 저술했다.

마르쿠스 아우렐리우스

로마인들은 얼간이들이다. 그들은 마르쿠스 아우렐리우스의 방법을 전혀 이해하지 못했다. 로마인들은 그의 방법이 골족을 더욱 강인하게 만들 것이라는 사실조차 예상하지 못했다. 아우렐리우스는 자기 힘으로 바꿀 수 없는 것을 받아들이는 법을 배우라고 했으며, 바꿀 수 있는 것을 더 훌륭하게 바꾸라고 했다. 스토아학파의 생각은 모두 에픽테토스가 주장한 '우리에게 달린 것'과 '우리에게 달리지 않은 것'의 구분에 바탕을 두고 있다. '우리가 어떻게 해볼 수 없는 것'에 집착하지 않는 것이 '우리가 어떻게 해볼 수 있는 것'을 더 훌륭하게 활용하도록 해준다는 것이다.

로마의 두 원로원은 전략적으로 온건한 체념을 택하면서 자신이 함정에 빠진 줄을 몰랐다. 수많은 위대한 인물이 마르쿠스 아우렐리우스와 그의 독특한 '기도'에서 영감을 받았다. "신이시여, 제가 바꿀 수 없는 것을 받아들일 수 있는 용기와 바꿀 수 있는 것을 바꿀 힘을 주소서. 이 둘을 구별하는 현명함을 제게 주소서." 사랑하는 사람이 우리 곁을 떠나갈 때 우리는 꺼진 불꽃을 되살리려는 식의 불가능한 일을 이루려고 온갖 노력을 기울이곤 한다. 그러고 나서 이별과 사랑과 삶에 대한 우리 생각처럼, 바뀔 수 있는 것을 바꾸는 데 필요한 에너지가 더는 남아 있지 않다는 사실을 깨닫는다. 스토아학파를 추종한다는 것은 이런 사랑의 종말을 세상의 이치로 받아들인다는 것이며, 자기 삶을 다시 고안하기 위해 새로운 활력을 이 이치에서 되찾은 상태에 이른다는 것을 의미한다. 아스테릭스와 오벨릭스, 파노라믹스가 우리 눈앞에서 발견한 것은 바로 이런 지혜. 이 지혜는 아름답고 또 새롭다. 그들은 긴장된 힘의 관계 속으로 말려 들어갔을 때 그저 달아나려고 하거나, 세상의 이치에 요령껏 기대고자 하는 마음에서 세상의 이치에 저항하지 않는 일 따위는 단 한 번도 고려해본 적이 없었다. 그런데 이제 그들은 어떤 주름으로도 구겨지지 않을 지혜의 비밀을 발견했다. 다시 말해 그들은 세상에 영향을 미치려면 의지가 필요하고, 자기 힘의 한계를 받아들이는 데도 역시 의지가 필요하다는 사실을 깨달았다. 이것이 바로 스토아철학의 눈부신 진실이다. 수용의 힘과 변화의 힘은 서로 대립하는 것이 아니라 상호 보완적인 것이다.

MARC AURÈLE, 121~180
인류 역사를 통틀어 유일한 철학자 왕일 것이다. 로마제국을 통치했고, 12권의 총서 **명상록**을 남겼다.

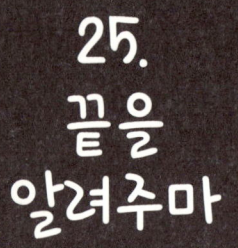

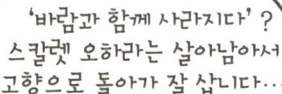

후쿠야마

헤겔에게 역사는 앞으로 나아가는 신이며, 이 신은 곧 자유를 의미했다. 지난 세기의 진전이 근대 법치국가의 승리로 귀결된 것은, 따라서 논리적이라고 할 수 있다. 1806년 예나에서 헤겔은 이 행복한 사건이 자기가 살던 시대에 펼쳐지고 있다고 생각했다. 말을 타고 헤겔의 집 창문 아래를 유유히 지나가던 나폴레옹은 전 유럽에 프랑스 민법을 적용하려고 서두르던 참이었다. 이렇게 역사는 종말을 향해 달려가고 있었다.

1989년 베를린 장벽이 무너지자, 후쿠야마는 자기 생각이 헤겔의 생각과 같다고 확신했다. 그에게 역사의 종말은 바로 지금이었다. 헤겔은 세계사 전반의 여러 단계로 보자면 극히 짧다고 할 180년을 잠시 착각했던 것뿐이다. 스파르타쿠스가 예고했고, 예수를 거쳐 계몽주의로 이어지면서 수천 년 전부터 기다리고 또 기다리던 것이 무르익어 마침내 도래했다. 자유민주주의의 승리가 바로 그것이다. 대서양을 가운데 두고 두 대륙에서 이 주제는 어마어마한 성공을 거뒀다. 신문 논설위원들은 헤겔주의자가 되었고, 서양의 다른 쪽 주술사 후쿠야마는 자신의 오만함을 관대함으로 탈바꿈하게 하는 데 성공했다. 이 관대함은 '탈(脫)역사'라는 안도의 꿈이었다. 그러나 이 꿈은 모호하다. 자신이 설정한 모델을 적용할 것이 요청된다면, 역사의 소용돌이에서 빠져나오는 출구를 좋아하게 마련이다.

1990년대 초 신자유주의가 장밋빛 전망으로 온 누리를 들뜨게 할 때 자크 랑시에르처럼 흥을 깨는 사람은 지극히 드물었다. 1996년 새뮤얼 P. 헌팅턴은 후쿠야마에게 상당한 부담으로 작용할 **문명의 충돌**을 출간했다. 2001년 9월 11일 뉴욕 세계무역센터를 강타한 테러는 서양이 불러일으킨 증오가 얼마나 거대했는지를 보여줬다. 비현실적인 이미지들이 전 세계 온갖 스크린에서 끊임없이 떠돌아다닐 것이다. 서양식 모델이 만장일치의 지지를 받지 못하리라는 것은 명백했다. 이보다 10년 앞서 '세계의 종말'을 기념하며 중요한 사안이라고 입에 거품을 물었던 바로 그 사람들이 그때와 똑같은 목소리로 '역사의 재출발!'을 선언했다. 슬퍼할 일이 벌어지고 있다. 인간의 어리석은 짓도, 세계의 폭력도, 당최 멈추는 법이 없다.

Francis Fukuyama, 1952~
미국의 철학자·경제학자. '신 헤겔주의자'인 그는 1992년 **역사의 종언과 마지막 인간**에서 자유민주주의의 영원한 승리를 예견했다.

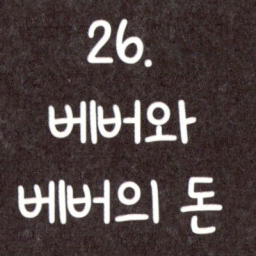

막스 베버

"부자가 하느님의 왕국으로 들어가기보다 낙타가 바늘구멍으로 지나가기가 더 쉽다."라고 마태복음은 전한다. 이것은 자본주의에 활력을 불어넣는 데 전혀 도움이 되지 않는 말이다! 막스 베버에 따르면 종교개혁은 관점이 변화하는 계기를 제공했다. 노동은 이제 고된 징벌이 아니라 신의 피조물이 결실을 보게 하는 수단으로 여겨졌다. 재산의 축적은 탐욕의 충족이 아니라 창조자의 영광을 찬양하는 행위로 간주하게 됐다. 바로 여기서 프로테스탄티즘의 윤리와 자본주의 이념 간에 모종의 긴밀한 관계가 형성된다. 하지만 무엇보다도 베버는 인간이 삶의 합리화와 자연 지배의 결과로 '세계에 대한 미망에서 깨어난' 사상가였다. 모든 인간을 향한 이런 호소력 있는 개념은 수많은 추종자를 낳았다. 베버는 또한 '신념의 윤리'와 '책임의 윤리'를 겸비한 이상적인 정치가에 관해서도 자기 저서의 꽤 많은 부분을 할애했다. 그런 인물이 되려면 첫째, 세상을 바꾸겠다는 목표를 세우고 거기에 자신의 이상을 새겨 넣어야 하며, 둘째, 현실과의 접촉을 통해 이 이상을 수정해나갈 줄 알아야 한다. 그러나 사실 이 양자의 '합치'는 불가능하며, 정치는 자연히 비극적인 방향으로 흐른다. 국가를 '합법적 폭력의 독점적 보유자'로 정의한 베버의 비관론이 어디에서 비롯했는지 궁금할 수도 있다. 앞의 만화에서 이야기하는 것처럼, 그의 비관론은 정치에 투신한 자기 아버지가 현실의 장벽에 부딪혀 좌절한 모습을 보았기에 생겼을지도 모른다. 그러나 이 비관론이 그에게 다음과 같은 말을 남기게 했다면, 나머지는 별로 중요하지 않아 보인다. "자기가 바치겠다고 나선 것의 가치를 이해하기에는 이 세계가 너무 어리석고 편협하다고 생각하면서도, 자신의 관점에 따라 모든 것을 판단하고, 어떤 경우에도 굴복하지 않으리라고 확신하는 사람, 역경에 맞서 '그럼에도 불구하고!'라고 말할 수 있는 사람, 바로 이런 사람만이 정치에 대한 사명감이 있는 인물이다."

Max WEBER, 1864~1920
독일 사회학자이자 경제학자. 종합사회학의 창시자. **경제와 사회**, **프로테스탄티즘의 윤리와 자본주의 정신**, **학자와 정치가**의 저자.

노자

이 만화를 보면 대체 무엇을 생각해야 할지 알 수 없어서 갑자기 말문이 막힌다. 노자의 **도덕경**에 나오는 경구들을 읽을 때 바로 이런 상황을 경험하게 된다. 이것은 신비주의 저서일까? 통치술에 관한 개론서일까? 존재의 비밀을 파헤친 형이상학서일까? 하지만 이런 세속적인 정의에 의지한다면, 간혹 불멸의 존재라는 소문도 들리는 저 백발노인 얼굴의 어린 학자와 만날 기회를 영영 놓쳐버릴 수도 있다. 차라리 아무 선입견 없이 그저 그의 말에 귀를 기울이는 편이 낫다. "너는 네가 하지 않은 말의 주인이다. 너는 네가 놓쳐버린 말의 노예다." "누군가가 너를 모욕했다면 복수하려 하지 마라. 강가에 앉아 기다리면, 언젠가 강물에 떠내려가는 그의 시체를 보게 될 것이다." '길'을 뜻하는 도(道)는 과정이자 절차를 의미하며, '도'는 모든 것이 거기서 유래하고 모든 것이 그리로 되돌아가는, 구분되지 않은 어떤 본질을 가리킨다. 현자가 된다는 것은 태어나 나타나고 죽어 돌아가는 이런 운동의 의미를 깨닫는다는 것이고, 억지 없이 이런 과정의 삶을 선선히 받아들이는 자세를 갖춘다는 것이다. 물론 지혜는 완성되지 않는다. 지혜는 언제나 완성을 향해 나아가는 중이기 때문이다. 도교의 신도가 된다는 것, 그것은 바로 완성된 그림보다 진행되고 있는 그림에, 그 그림의 스케치에, 실천한 결과보다 실천을 반복하며 천천히 익히는 행위 자체에 아름다움이 있다고 여기는 것이다. "하나의 그림을 완성하는 것, 그것은 황소 한 마리를 완성하는 것과 같다."고 말한 피카소는 노자의 충실한 제자라고 할 수 있다. 이 현자의 유명한 교훈 하나가 여기서 빛난다. "없는 것이 있어야 할 이유가 된다." 왜냐면 저 길에서 고려해야 할 단 한 가지는 없는 것을 향해 나아갈 방법이기 때문이다. 이것이 바로 노자가 '도(道)'라고 부른 것이다.

LAOZI(老子), BC 6C
본명은 이이(李耳). 실존 여부가 확인되지 않은 중국의 현자이자 도교의 아버지. 공자와 동시대(기원전 5~6세기)에 살았던 것으로 추정된다. 전 세계에서 가장 많이 번역된 중국 고전 **도덕경**을 썼다.

28. 바디우의 장정

바디우

고전에 속하는 이야기 하나. 관념 세계에서 살면서 현실 세계를 보지 못하는 철학자, 하늘의 구름을 올려다보다가 땅의 구덩이에 빠진 탈레스, 사고력이 뛰어나지만, 현실 정치를 이해하지 못하는 천재 형이상학자…. 좋게 말해서 바디우는 이런 부류에 속한다. 그는 현존하는 프랑스 철학자 중에서 수학 언어로 존재의 비밀을 풀어내려고 하면서 대담하게도 새로운 형이상학의 체계를 사유하려고 시도한 유일한 인물이다. 그는 라캉의 '충실성'에 대한 사고를 비틀어놓은 형태로 빌려 사용한다. 바디우에게 산다는 것은 바로 만남, 즉 어떤 사건—평소에는 보이지 않던 것들이 어느 날 갑자기 나타나는 것, 혹은 예상하거나 기대하지 않았던 일이 갑자기 일어나는 것—에서 경험한 감탄에 끝까지 충실하다는 것을 의미한다. 그것은 그것과의 만남을 기준으로 이전과 이후가 결코 같을 수 없는 어떤 인물—바디우는 '중심 이탈의 실존적 증거'인 사랑에 관해 좋은 글을 썼다—일 수도 있고, 하나의 사상—코뮌주의—일 수도 있다. 바디우가 승리에 경의를 표했던, 적어도 1,700만 명이 희생된 스탈린주의와 최소한 200만 명이 학살된 크메르 루주 같은 사건 이후, 이 **코뮌주의 가설**의 저자는 마오쩌둥의 문화혁명에 깃든 아름다움을 계속 찬양했고, 여기서 또 다른 코뮌주의가 가능하리라는 생각에 설득되어 있었고, 그것이 수많은 소외자를 낳은 허깨비 민주주의와 궁지에 몰린 자본주의 체계의 탈출구가 될 수 있다고 생각했다. 2015년 1월 파리의 샤를리 에브도 테러 직후, 바디우는 이 테러를 이슬람주의 소행이 아니라 단지 파시즘의 범죄이고, 억압받은 자들이 자신을 모욕한 자본주의에 대항해서 저지른 극단적인 폭력이자 반작용으로 규정한다. 간단히 말해서 문제는 이슬람주의가 아니라 자본주의라는 것이다. 문제는 문화나 심지어 종교가 아니라 경제여서 계급 간 투쟁이 계속해서 이 세계를 주도하리라는 것이다. 여전히 철학 안에 있는 것인지 아니면 단순히, 현실을 배제한 관념의 논리에 갇힌 이데올로기에 사로잡힌 것인지 우리 스스로 묻지 않을 수 없다. 바디우는 끝까지 저버리지 않는 충실성을 천명했다. 적어도 그가 자기 말을 지키고 있다는 점은 인정해야 한다.

ALAIN BADIOU, 1937~
코뮌주의(심지어 마오주의)와 플라톤주의를 표방하는 프랑스 철학자. **존재와 사건**의 저자.

마르쿠제

마르쿠제는 프로이트-마르크스주의자였다. 하지만 그는 프로이트가 지나치게 보수적이고 마르크스가 지나치게 관례적이라고 생각했다. 프로이트에게 본능의 억압은 정확히 말해서 억압된 본능의 승화 과정으로 보았던 문화의 필수 조건이기도 했다. 1950년대부터 마르쿠제는 문화와 관련해서 더 급진적인 사상을 제시하고 투쟁했다. 그는 무엇보다도 문화에서 개별 본능이 그 성격상 억압되지 않고 직접 표출돼야 한다고 생각했다. 마르크스에게 혁명은 조직적인 프롤레타리아 집단의 성과일 수밖에 없었지만, 그는 고립되고 소외된 개인, 심지어 광인에게서도 저항의 힘을 찾고자 했다. 그들은 절망했어도 활력이 넘치는 사람들, 노동조합에 가입하지 않은 저항인들, 진정한 재능을 부정하는 데서 가장 기본적인 기능을 수행하곤 하는 '사회'라는 조직에 아직 통합되지 않은 소수자들이었다. 68년 5월 혁명 직전 프랑스에서 출간된 **일차원적 인간**에서 마르쿠제는 '영광의 30년' 즉 1945~75년 프랑스가 경제 부흥기를 맞아 1인당 국민소득이 두 배 이상 늘

었던 기간 이후 사회가 어떻게 진정한 변화를 원천봉쇄 했고, 어떻게 대량 소비와 광고를 통해 개인의 욕구를 제어했는지 잘 보여준다. 사람들은 자신이 자유롭다고 믿으며 살아가지만, TV 앞에서 무기력해지고, 안락함에 마비돼 판단력을 잃고, 모두 엇비슷한 생각을 하고, 엇비슷한 후보에게 투표하고, 점점 독창성을 상실해가는 예술 작품 따위를 감상하고 있다는 사실을 깨닫지 못한다. 자본주의 체계에서 이런 획일화는 필연적이다. 마르쿠제는 만일 우리가 각자 자기만의 고유하고 진정한 방식으로 욕망하고 소비한다면, 똑같은 결과에 얽매이는 상황은 벌어질 수 없다고 말한다. 그의 작품에 다양한 차원이 존재한다는 사실을 이해하려고 일부러 3D 안경을 쓸 필요는 없다. 이들 차원 중 하나는 민주주의 국가의 소비자-시민이 전체주의 체제의 백성만큼이나 소외되고 있다는 사실을 설명하며 완벽하게 시대를 앞서간다. 또 다른 차원은 비상하리만큼 현재적이다. 마르쿠제는 정책은 말할 것도 없이 세계에 대한 비전을 전혀 고려하지 않은 채 후보들을 대결 구도로 몰고 가는 선거가 우리에게 심어놓는 자유에 대한 환상을 철저하게 고발한다. 또한, 그는 자본주의의 가장 위대한 힘이 자본주의를 비판하는 사람들을 모두 결집할 줄 아는 데 달렸다는 사실을 매우 능란하게 보여준다.

HERBERT MARCUSE, 1898~1979
헤르베르트 마르쿠제, 미국 철학자·사회학자, 아도르노, 호르크하이머와 함께 프랑크푸르트학파의 일원이다. **일차원적 인간**, **에로스와 문명**을 썼다.

30. 그렉시트

에피쿠로스학파

동지

플라톤주의자들

뉴스에 나오는 저 시위에 참가하면 너 죽을 줄 알아!

아이 참, 아빠, '시위에 대한 관념'이 현실에서는 '데모에 대한 이미지'보다 훨씬 우월하다는 걸 모르세요!

또 시위하러 가는 거야?

고대 그리스 학파들

놀라운 풍부함을 자랑하는 고대 그리스 학파들을 만화에서 잠깐 살펴본 것만으로도 현기증이 난다. 우선, 저 다양성에 놀란다. 회의주의자들이 하나의 추론과 등가를 이루는 반대 추론을 서로 대립시킬 수 있다면서 끝까지 의심해야 한다고 선언할 때 플라톤주의자들은 자신들의 궁극적 목표인 영원한 진리를 찾으려고 애썼다. 하지만 회의주의자들에게 진리는 물리쳐야 할 적이자 환상이었다. 소피스트들은 '인간이 만물의 척도'라고 확신했지만, 에피쿠로스학파나 스토아학파 학자들은 이 우주에서 행복을 찾으려고 이런저런 가설을 세웠다. 플라톤주의자들은 관념을 이해하는 것보다 더 큰 기쁨은 없다고 생각했다. 에피쿠로스학파 학자들은 신과 죽음에 대한 공포에서 벗어나려면 감각을 되찾으라고 했다. 이 놀라운 다양성은 회의주의자들의 고발에 맞서 변론이라도 전개하고 있는 것처럼 보인다.

하지만 이런 사실을 확인했다고 해서 그것으로 끝이 아니다. 이 학파들을 연결하는 또 다른 사실이 부각하기 때문이다. 고대 그리스 학파들에는 공히 이성에 대한 믿음이 있었으며, 이는 그리스가 언제 신화의 매혹에서 빠져나왔는지를 분명히 말해준다. 물론 신화에서 이성으로 옮겨가는 과정이 대번에 실현되었던 것은 아니다. 예를 들어 플라톤의 사유에는 아직 많은 신화적 요소가 남아 있었다. 하지만 사유의 움직임이 시작되었고, 이 새로운 신앙은 사유를 가능하게 해주는 '언어', 그리고 '이성'과 '추론'을 동시에 의미하는 로고스를 발판으로 삼았다. 여기서 우리는 왜 철학과 민주주의가 함께 발전했는지 깨닫는다. 철학과 민주주의는 바로 이 로고스의 두 가지 사용법이기 때문이다. 그러나 이보다 더 훌륭한 것은 이들 철학자가 하나같이 더 나은 삶의 비밀을 찾아내려고 고군분투했다는 점이다. 사유를 향한 이들의 노력은 삶의 선한 형태에 대한 모색과 분리될 수 없다. 그들이 사유하는 법만큼이나 사는 법(그리고 죽는 법)에 대한 성찰을 중심에 두고 자신의 학파를 세운 이유가 바로 여기에 있다. 현대 서구에서 승승장구하며 성공을 과신하는 저 순수 사변의 이념은, 그러나 당시 철학자들에게 아주 생소한 개념이었다. 고대 철학에 관한 획기적인 저서들을 남긴 철학사가 피에르 아도는 고대 철학이 '사는 법'에 관한 탐구였으며, 고대 철학자들은 단순히 사색가가 아니라 진정한 현자였다고 말한다. 이것은 가치와 처신은 물론, 원칙과 행동이 서로 딱 들어맞는 '윤리의 추구'라고 말할 수도 있을 것이다.

우리는 때로 철학자들의 실제 삶을 그들이 주장한 이론에 비춰보고 비웃음을 흘리곤 한다. 루소는 탁월한 교육 개론서 에밀을 썼지만, 정작 자기 아이들을 버렸고, 니체는 건강한 인간의 육체를 찬양했지만, 정작 자신은 병에 시달리며 고달픈 일생을 보냈다. 이처럼 아름다운 사상은 그 사상을 주창한 자들의 삶을 거꾸로 비추는 거울이 아닌가 싶을 정도다. 그런데 놀랍게도 그리스 철학자들에게 이런 모순은 거의 발견되지 않아서 이 또한 '그리스의 기적'이라고 부를 만하다. 고대 그리스 철학자들이 오늘날에도 여전히 영감을 주는 현자들로 남아 있는 이유가 바로 여기에 있다.

아마르티아 센

경제학자들은 흔히 모든 것이 경제와 관계있다고 믿는 실수를 저지른다. 아마르티아 센의 인생에서 일어났던 한 가지 사건은 그가 이런 직업상의 실수를 저지르지 않게 해주었다. 아홉 살 때 콜카타에서 300만 명의 희생자를 낸 기근을 목격한 그는 인도에서 기근의 소멸이 민주주의 실현과 직접 관련 있다는 사실에 주목하게 되었다. 그날 이후, 경제가 모든 것을 결정한다고 주장하기는 어려워졌다. 이 '지속 가능한 경제발전' 이론가에게 GNP는 그저 경제 정책에 따른 하나의 지표일 뿐이다. 국민의 복지와 민주주의 발전 정도, 불공정성 여부 등도 고려해야 한다.

게다가 그가 자신을 '아시아인, 인도 국민, 방글라데시의 벵골 사람, 영국 시민, 여성해방 운동가인 남성'으로 규정한 방식에는 벌써 행복이 가득 담겨 있다. 그는 많은 철학자보다도 더 인간적인 경제학자이며, 애덤 스미스나 마르크스의 저서를 애독했으면서도 자유에 관한 그들의 추상적 관념을 매우 건전한 방식으로 경계했던 사람이기도 했다. 그가 '실질적 자유' 혹은 '능력'이라고 부른 것의 요점은 국민이 이론적으로 자신에게 부여된 권리를 실질적인 자유로 실현하는 방법이었다. 따라서 국민이 교육받지 못했거나 투표소에 갈 수 없는 상태라면 '투표권'을 갖는다는 것은 별로 의미가 없다. '잠재적인 것'이 어떻게 '행위'로 실현되느냐는 문제를 제기한, 사고가 유연한 이 경제학자에게서 우리는 아리스토텔레스의 면모를 보게 된다. 경제학의 지배적 이데올로기에 정면으로 맞서면서, 그는 적어도 각각의 개인이 정의에 대한 사상만큼이나 자신의 특별한 관심사를 중요시해야 한다고 주장한다. 방글라데시의 이 벵골 사람이 그리스의 휴머니스트이자 인도의 경제학자라는 점은 의심의 여지가 없다.

AMARTYA SEN, 1933~

인도의 경제학자. 1998년 노벨상을 받았다. 저서에 **가난과 기근, 타인들의 민주주의: 자유는 왜 서구의 발명품이 아닌가, 정의에 관한 생각** 등이 있다.

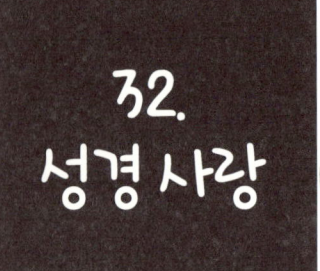

마틴 루터

그러니까 모든 것은 이렇게 시작되었다. 1517년 7월 31일 한 사제가 작은 교회 정문에 95개 조항이 적힌 대자보를 내걸고 면죄부 판매를 고발하면서 가톨릭교회의 권력 남용 전반을 비판했다. 면죄부는 미리 천국에 자리를 예약해준다며 성직자가 신자에게 재물을 받아 챙겼다는 것을 의미했다. 정작 루터 자신은 미처 깨닫지 못했지만, 이때 그는 '프로테스탄티즘'이라는 새로운 종교의 출생신고서에 막 서명했던 것이다. 종교개혁의 서막이었다. 개혁에 헌신한 루터는 인간 스스로 신과 관계를 맺을 수 있다고 주장하면서, 급기야 성직자의 역할을 부정하기에 이르렀다. 명백히 교황의 권력을 부정한 것이다. 성경을 읽고 또 읽은 것으로 충분하며, 필요하면 결혼한 사제들에게 도움을 요청하면 그만이라고 했다. 또한, 그는 성직자들이 더는 거짓말을 하지 못하도록 성경을 아예 독일어로 번역했으며, 인쇄술의 눈부신 발전과 도약은 이 새로운 성경을 빠른 속도로 방방곡곡에 퍼뜨렸다. 어떤 새로운 점이 발견되는가? 동정녀 마리아의 얼굴이 사라졌다. 어떤 성자의 모습도 등장하지 않았다. 연옥은 단 한 번도 언급되지 않았다. 여기까지는 모든 게 순조로웠다. 루터는 기독교의 원래 취지로 돌아가기를 원했으며, 그렇게 인간 각자의 영혼이 신과 예수를 마주할 수 있다는 구원의 문제를 중심으로 기독교를 개혁하고자 했을 뿐이다. 그런데 이상한 일들이 벌어졌다. 유럽이 갈기갈기 찢겼고, 구교도와 신교도가 대립하기 시작했다. 그러나 정작 루터 자신은 그런 문제를 아랑곳하지 않는 것 같았다. 오히려 그는 유대교 회당에 불을 지르고, 랍비들을 죽여 없애라고 부추기는, 훗날 히틀러 치하에서 베스트셀러가 될 광란의 팸플릿을 작성하느라 바빴기 때문이다. 최초의 개신교도는 따라서 '예수를 죽인' 자들이 유대인이었다고 믿는 가톨릭 신도들과 닮았다. 반유대주의가 인간의 정신과 마음을 점차 파괴하는 일에 어떻게 열광하는지 보려면 꼭 이 팸플릿을 읽어야 한다.

Martin Luther, 1483~1546
종교학자, 종교개혁 선동자, 성서의 독일어 번역가, 나치가 찬양한 **유대인들과 그들의 거짓말**의 저자.

미셸 세르

미셸 세르가 다른 철학자들과 사뭇 다르다는 사실을 이해하려면, 이 철학자의 날카로운 목소리를 한 번 듣는 것만으로 충분하다. 퇴역한 해병이자 농부의 아들이었던 미셸 세르는 오늘날과 무척 달랐던 이전 세계 이야기를 경이로울 정도로 조목조목 이야기한다. 그 세계 사람들은 견뎌야 하는 육체적 고통이나 얻게 되는 일상의 몫과 비교할 때 삶에 그다지 큰 희망을 걸지 않았다. 심지어 몸이 아름답지 않으면 성관계도 캄캄한 어둠 속에서만 했다. 양차 대전 사이에 남자들은 땅을 경작했고, 현자들은 거의 종교적인 침묵 속에서 강단에 올라 강의했다. 미셸 세르는 향수에 젖지도, 추억을 음미하지도 않으면서 그 시대를 떠올린다. 그는 언제든지 판단을 유보할 수 있는 회의론자이기를 꿈꾸었으며, 여기서 다른 세계가 탄생한다. 이 세계에 대해서도 그는 역시 조목조목 재미있게 설명한다. 오귀스트 콩트 전문가나 라이프니츠 미분법 전문가라고 할 만한 그는 과학에 관해 언급해도 조롱의 대상이 되지 않는, 생존하는 프랑스 사상가 중에서 매우 드문 경우에 속한다. **엄지 세대**에서 그는 디지털 혁명을 인쇄 매체나 문자 발명의 혁명과 비교한다. 손에 쥐고 있는 '이 순간'의 진리는 바로 이것이다. 우리는 엄지 터치 한 번으로 현존하는 모든 지식에 휴대전화로 언제든지 접속할 수 있다. 감탄할 만한 일이지만, 두려움의 원인이며 매우 충격적인 일이기도 하다. '예전이 더 좋았다'고 버릇처럼 말하는 사람들에게 미셸 세르는 오히려 '이 세계는 멋지다'면서 반박할지도 모른다. 그는 학교와 사회, 함께하는 삶 등 모든 것에 새로운 가치를 부여해야 한다는 것을 알고 있었다. 흥미로운 비유를 통해 그는 과거로부터 물려받은 교육기관들을, 이미 그곳에서는 사라져 흔적도 없다는 사실을 모르는 채 입을 벌리고 여전히 반짝이는 그 광채에 감탄하기에 바쁜 별들에 비유한다. 마르크스주의자들과 자본주의자들이 실질 경제를 두고 서로 싸움을 벌였던 1970년대 초, 그는 커뮤니케이션이 곧 돈이 될 것이라고 내다본 최초의 사람이었다. 그래서인지 그는 철학자들이 대부분 빠지곤 하는 '착각'이라는 습관을 최소화했다. 그의 복잡한 글을 읽다 보면 거기서 통찰력을 발견하게 될 것이며, 변화하는 이 세계의 맥을 짚고 진단을 내리는 것과도 같은 경험을 하게 될 것이다.

MICHEL SERRES, 1930~
프랑스 철학자. 미셸 푸코와 함께 뱅센 대학을 설립했다. 타협하지 않아 해고되고 나서 스탠퍼드 대학에 재직했다. **헤르메스, 자연 계약, 호미네상스**, 최근에 베스트셀러 **엄지 세대** 등 50여 편의 책을 저술했다.

34. 몽롱 아롱

아롱

레이몽 아롱은 민주주의에 대해 현실적이고 반이상주의적인 매우 독특한 정의를 내린다. 민주주의는 국민이 미래를 좌지우지하는 체제가 아니라, 정부 요직에 앉으려는 자들의 경쟁을 헌법에 따라 평화적으로 조직한 체제라고, 그는 말한다. 그런데 이런 경쟁은 권력 남용으로부터 우리를 보호한다는 효과가 있다. 마키아벨리의 신봉자인 아롱은 권력에는 자연히 남용되는 경향이 있다는 사실을 알고 있었다. 야당이 권력을 남용하거나 공약을 어기는 여당의 잘못을 잡아내려고 애쓰는 것은 바로 이런 경쟁 덕분이다. 여당 의원들을 갈아치우는 데 이보다 더 효과적인 방법은 없을 것이다! 이렇게 야당은 시민의 권리에도 주의를 기울인다. 물론 야당은 탁월한 능력이 있어서가 아니라 자기네 이득을 따져 그렇게 할 뿐이다. 이 야당이 여당이 되면 새로운 야당이 여당을 감시하며 시민을 보호한다. 우리를 안심시키고 어느 정도 사실이기도 하지만 별로 흥미롭지는 않은 논리가 여기 있다. 아롱의 논리는 민주주의를 선호하는 데 필요한 주장들을 제공하지만, 후보자를 제외하고 나머지 사람들에게서는 그다지 호응을 얻지는 못한다.

아롱에 관해 단적으로 말하자면 이렇다. 그는 자주 옳지만, 아주 드물게 흥미를 끈다. 거대 담론에 목말랐던 지식인들이 어떻게 '아롱과 더불어 옳기보다는 차라리 사르트르와 더불어 틀리기'를 선호했는지 이해할 수 있을 것 같다. 그는 자신의 자유로운 사상 덕분에 우파 국수주의자들만큼이나 극좌파들에게서 벗어날 수 있었다. 그는 절대적인 것을 꿈꾸던 시대에 '무절제한 방식으로 절제되기'를 바랐다.

사르트르 이후 최초로 철학 교수자격시험을 통과했던 이 아름다운 정신의 소유자에 대한 프랑스인들의 상대적 무관심은 다른 영역에서도 명확해졌다. 사회과학 연구자인 그는, 마찬가지 열정으로 **피가로에** 이어 **엑스프레스**에서 기자와 편집인으로 활동했지만, 별반 관심을 끌지 못했다. 그는 어떤 틀에도 갇힌 적이 없었지만, 프랑스인들이 좋아하는 것은 바로 틀이었다.

RAYMOND ARON, 1905~1983
프랑스 철학자·사회학자·저널리스트. 포괄적인 체제들과 관련하여 사르트르를 시작으로 지식인들의 맹목성을 고발했다. 주요 저서로 **지식인들의 아편**, **사회학적 사고의 단계들** 등이 있다.

1) Bis repetita: 같은 걸로 두 개요.
2) Nec plus ultra: 최고입니다.

3) Veni, vidi, vici: 왔노라, 보았노라, 이겼노라!
4) O sole mio: 오 나의 태양

키케로

과장된 제스처와 능변을 즐기고 철학자를 자처하는 변호사를 상상해보자. 키케로는 바로 이런 모습으로 자주 묘사되어 웃음거리가 되곤 했다. 헤겔조차 그를 그리스 철학을 밀수입이나 하는 저속한 사람이라고 일축하고, 철학적 개념의 깊은 뜻을 이해하기보다는 웅변술에 너무 의지한 점을 꼬집어 비판했다. 로마의 가장 위대한 웅변가에게는 부당한 평가가 아닐 수 없다. 게다가 키케로는 이론서들을 라틴어로 편찬한 최초의 인문주의 철학자이자, 부패한 시대에 정의와 미덕의 가치를 역설한 사람이었다. 키케로는 플라톤의 번역자였을 뿐 아니라 그리스 철학의 가장 섬세하고 미묘한 온갖 용어를 라틴어로 번역하여 동시대 로마인들에게 평화를 가져다 줄 사상을 탐구할 길을 열어주었다. 지금도 철학사전을 펼쳐 보면 그리스어와 함께 적혀 있는 라틴어가 대부분 키케로의 번역이라는 사실을 알 수 있다. 하지만 키케로는 그리스 사상을 번역하면서 거기에 로마의 색을 입혔으므로 단순한 '그리스어 번역가'가 아니라 그 이상이었다. 그는 플라톤 식으로 철학적 대화론을 집필한 저자였으며, 아이러니와 풍자 활용에는 소크라테스를 능가하다시피 했다. 그는 인간이 자신을 '인간'이라고 부를 수 있는 자격을 갖추려면 어떻게 처신해야 하는지를 찾으려고 늘 골몰했으며, 로마 문명의 심장부에 철학의 자리를 마련하려고 애썼다. 키케로가 나타나기 전 로마인들은 철학이 인간을 나약하게 만드는 시간 낭비에 불과하다고 생각했으며, 고작해야 무료함을 달래려고 노예나 인질이 된 그리스 철학자들과 대화하는 정도였다. 자주 인용되는 키케로의 명언에는 시대적 상황에 대한 그의 근심이 담겨 있다. '아! 한심한 풍습이여! 아! 망할 놈의 시대여!' 안토니우스가 키케로를 암살하고 나서 그의 머리와 손을 잘라 로마 광장에 전시해놓은 것만 봐도 로마인을 철학 하는 민족이 되게 하려던 키케로의 야심이 얼마나 대단했는지 짐작하고도 남음이 있다.

MARCUS TULLIUS CICERO, BC 106~43

마르쿠스 툴리우스 키케로는 로마의 변호사·철학가·정치가로 기원전 63년부터 58년까지 로마의 집정관을 지냈다. 번번이 권력에서 쫓겨났으며 그때마다 **위로, 플라톤 학, 데모스테네스의 연설, 웅변가의 세 가지 대화** 같은 작품을 집필했다.

36. 펍에서 팝 문화

슬라보예 지젝

신의 존재를 논증하듯이 진지한 태도로 대중의 삶을 연구하는 철학을 '팝' 철학이라고 부르는 것이 맞느냐고 묻는다면, 그렇다고 대답해야 할 것이다. 지젝이 팝 철학의 왕이냐고 묻는다면, 그렇다고 대답할 만하다. 지젝은 앨프레드 히치콕을 통해 라캉을 이해했고 영화 **폴 몬티**로 상상계-상징계-현실계 개념 각각을 분석했으며, 양변기의 형태에서 서구의 진리를 읽어냈다. 그는 휴대용 게임기 다마고치나 딸기 맛 하리보 젤리를 통해 까다로운 철학 개념들을 서슴없이 연결한다. 지젝은 자신의 고유한 사유 방식을 정당화하기 위해 철학은 항상 다른 곳을 향해 열려 있다는 사실을 자주 환기한다. 데카르트가 과학을 향해 열려 있었고 헤겔이 시를 향해 그랬던 것처럼, 지젝은 대중문화와 '블록버스터'를 향한다. 이 기이한 사상가가 끊임없이 문체와 화법을 바꿔가며 철학의 전통에서 가장 고전적인 거장들에게로 돌아가자고 제안하는 것은 차라리 역설처럼 보인다. 지젝은 『까다로운 주체』에서 모든 화살의 과녁이 된 데카르트의 명예를 부분적으로 되찾아준다. 『레스 댄 낫싱』에서는 '모든 것을 사유하라'는 철학의 가장 원대하고도 고전적인 야망에 다시 활력을 불어넣기 위해 헤겔로 되돌아간다. 라캉을 통해 헤겔을 다시 읽으면서 지젝은 그래도 모든 것을 포착하려는 시도에서 무언가가 항상 빠져나간다는 사실을 명확하게 말한다. 빠져나가는 것은 인간의 주체성이다. 진중함의 결여와 부르주아에 대한 과도한 비하로 자주 비판받곤 하지만, 지젝은 보기보다 일관적이며, 항상 같은 목표를 추구한다. 그것은 모든 수단을 동원하여 형이상학적이거나 정치적인 기획을 포기하도록 우리를 설득하려고 애쓰는 어느 한 시기를 총체적으로 회의적 시각에서 바라보는 것, 다른 말로 하자면 포스트모더니티다.

SLAVOJ ŽIŽEK, 1949~

슬로베니아 출신 철학가·정신분석가. 그는 세계 대다수 젊은 반체제주의자들의 선구자로서 **까다로운 주체, 실재의 사막에 오신 것을 환영합니다, 헤겔과 변증법적 유물론의 그늘** 등을 저술했다.

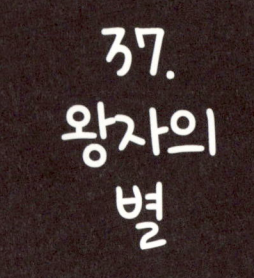

어린 왕자

영화 제작사의 계획은 순조롭게 진행되는 것 같지만, 딱히 그렇다고 볼 수도 없다. 전 세계적으로 주목받는 글을 쓰려면 작가는 어떻게 해야 하는 걸까? 모든 문화권과 연령대 남녀에게 감동을 불어넣는 낱말들을, 작가는 어떻게 찾아내는 걸까?

한 가지 분명한 사실은 어린 왕자가 위대한 철학가라는 것이다. 그는 소크라테스처럼 끊임없이 질문을 던진다. 중요한 것은 바로 질문이며, 대답은 늘 만족스럽지 못하다는 사실을, 어린 왕자는 잘 알고 있다. 에피쿠로스나 스토아학파와 같은 고대 그리스인들이 그랬던 것처럼, 어린 왕자도 감미로운 삶을 영위하려면 친구가 필요하다는 사실을 알고 있다. 비행사든 여우든, 꽃이든 양이든, 타인과 관계를 맺고 그를 '길들이게' 될 때 중요한 점은 그에게 세상에서 유일한 존재가 된다는 사실이다. 어린 왕자는 또한, 플라톤이나 플로티노스가 그랬던 것처럼 보이지 않는 것에 깃든 눈부신 아름다움을 알고 있다. 그래서 그는 '사막이 아름다워 보이는 이유는 어디엔가 우물을 감추고 있기 때문'이라고 말한다. 어린 왕자는 본질적인 것을 이해하고 있었다. 우리가 이해하지 못하는 바로 그 본질적인 것 말이다. 그는 니체가 옳았다는 사실도 보여준다. 이 세상의 진리를 알기 위해서는, 미지와 친숙해지기 위해서는, 아이의 영혼을 가져야 한다는 사실을 그는 잘 보여준다. 그렇게 '너무도 신비스러운 일을 당하게 되면 누구든 거기에 순순히 따르기 마련이다.'라고 말한다. 마지막에 어린 왕자가 하늘로 사라지려 할 때 그는 비행사 친구에게 "내가 죽은 것처럼 보이겠지만, 진짜로 죽은 건 아니야."라고, 그 사실을 매우 조심스럽게 미리 알려준다. **어린 왕자**는 1943년 뉴욕에서 출판되었고, 이듬해인 1944년 7월 31일 비행사 생텍쥐페리는 하늘로 사라졌다.

LE PETIT PRINCE

어린 왕자, 앙투안 드 생텍쥐페리(1990~1944)가 아이와 어른을 위해 쓰고 그린 이야기책. 전 세계적으로 인기를 얻었다. 작가, 리포터, 비행사이자 **야간 비행, 인간의 대지** 저자였던 그는 제2차 세계대전 말기인 1944년 7월 프로방스 지방을 정찰 비행하다가 사망했다. 비행기 고장, 불안 증세, 독일 전투기의 발포 등 여러 설이 있는 죽음의 원인은 여전히 베일에 가려져 있다.

38. 쓸모없는 라캉

테헤란과 워싱턴의 핵 문제 최종적 합의는 전적으로 협상 용어 해석에 달렸습니다

걱정하지 마세요, 적임자를 찾았습니다

자크 라캉이라는 프랑스 사람입니다

라캉

플라톤, 스피노자, 헤겔의 섬세한 독자이자, 프로이트의 계승자이며, 문명화된 동물이라는 인간에게만 발생하는 병을 명민하게 진단하는 의사 라캉은, 다른 한편으로 말장난과 난해한 방정식 풀이를 즐기고, 현금을 받고 짧은 상담을 해주기 좋아하는, 좀 특이한 전문가이기도 했다.
이미 흄, 니체, 프로이트가 '자아'라는 통일된 정체성에 대한 환상을 공격한 바 있다. 라캉은 이들을 잇는 훌륭한 계승자임이 분명하다. 그러나 그는 카우치에 누워 환자들이 하는 말을 주의 깊게 들으면서 말하는 또 다른 '누군가'가 있다는 사실을 유심히 관찰했다. 이 '누군가'는 일관된 '자아'가 아니라, '자아의 사건'으로 가로막힌 주체일 것이다. 우리 '정체성'이 아니라면 무엇이 우리 각자의 고유성을 만들어내는 것일까? 라캉은 바로 우리 욕망이라고 대답한다. 우리 역사가 대물림하는 바로 이 욕망이라는 무의식적인 축을 중심으로 우리의 삶이 전개되고 있는 것이다. 지나친 고통에 시달리지 않으려면, 이 욕망에 충실해야 한다. 욕망을 거역한다면? 몸은 거짓말하지 않는다. 몸의 이상 징후나 구체적인 불안이 욕망에 불충실한 대가로 나타난다. 따라서 쓰러지지 않으려면 카우치에 누워야 하며, '우리 역사에서 금지되어 온 장', 즉 자신의 무의식을 이해하려고 노력하면서 말을 해야 할 것이다. 여기에는 다른 방식으로 말해야 한다는 조건이 붙는다. 다시 말해 이성의 언어가 아니라, 무의식의 진리를 알고 있는 주체의 언어로 말해야 한다. 무의미해 보이는 것도 모두 털어놓아야 하며, 단어들을 가지고 놀이하듯 말해야 한다. 지나치게 신중해야 할 필요는 없다. 이는 단어들을 단순히 이전하는 것, 다시 말해 그때까지 단어들에 대해 갖고 있던 통념으로부터 그 단어들을 해방해주고, 자기만의 이야기에 단어들이 독특한 의미로서 기능할 기회를 부여하는 작업이기 때문이다.

만약 라캉이 말한 것처럼 '무의식이 언어처럼 구조화되어 있다'면, 우리가 쓰는 말들은 그 자체로 아무런 의미도 없을 것이다. 단어들은 '기표'의 연쇄에서만, 각자에게 고유한 무의식적 구조의 한가운데서만 자체적인 진리를 발견하게 될 것이기 때문이다. 바로 이런 까닭에 카우치에서 발화되거나 그렇게 듣게 된 어떤 말은 누군가의 인생을 돌연히 바꾸어놓을 수도 있으며, 마찬가지로 타인에게는 완벽하게 무의미한 것처럼 보일 수도 있다.

JACQUES LACAN, 1901~1981
프랑스의 심리학자·정신분석학자. 언어학과 구조주의 관점에서 프로이트의 작업을 재해석했다.

마틴 루서 킹

하지만 정치적 꿈과 다른 꿈에서 어떻게 구별해낼까? 위대한 정치적 꿈들은 모두 아버지나 어머니, 어린 시절과 밀접한, 은밀한 사안에서 울려 나오는 것은 아닐까?

탁월한 연설가였던 목사 마틴 루서 킹은 초기 투쟁에서 승승장구한다. 비폭력이 폭력보다 훨씬 강하다는 사실이 천하에 드러났다. 다수의 권리라는 이름으로 조직하여 감행한 거리 행진으로 그는 1964년에 시민법을, 1965년에는 투표법을 개정하기에 이른다. 그는 이렇게 헨리 데이비드 소로가 이론화한 시민 불복종 원칙의 위력을 간디 이후에 한 번 더 역사적으로 증명했다. 잠시 감옥에 갇혔지만, 이미 케네디의 지지를 받고 있던 마틴 루서 킹은 저 유명한 버밍엄 감옥에서 쓴 편지에서 소로가 일궈낸 이론을 녹여내는 데 성공한다. '법보다 위대한 사랑'만이 불복종을 정당화할 수 있다고, 그는 썼다. 부당한 법에 맞선 저항은 법이 되어야 마땅한 것의 이름으로만 의미가 있다. 불복종에 '시민'을 붙이게 된 이유가 여기에 있다. 불복종이란 단지 개인적인 자유나 분노가 아니라, 최상의 사회를 지향한다는 명목으로 실행되는 것이다. 시민 불복종은 따라서 무한한 '긍정'과 나란히 짝을 이루는 위대한 '부정'이다. 흑인들이 희생자인 차별과 불의에 대한 거부와 저항은 무엇보다도 도덕적인 성격을 지니지만, 정치적 계획에서 거듭나야 한다. 위대한 도덕적 '부정'은 반드시 정치적 '긍정'과 조화를 이루어야만 하는 것이다. 암살당한 마틴 루서 킹은 빈곤에 맞선 투쟁을 끝까지 이끌지 못했다. 그의 투쟁에서 궁극적인 적은 물론 자본주의였다. 그러나 그의 후계자들은 결국 기독교, 흑인 예배, 마르크스주의 사이에 전례 없는 통합을 이루고자 했던, 가장 과격하고 가장 전복적인 그의 꿈을 말랑말랑한 것으로 만들어버렸다.

Martin Luther King, 1929~1968
1929년 세계경제 대공황 때 태어나 1968년 암살로 사망했다. 침례교회 목사로 비폭력 운동의 전도자이며 미국 흑인들의 시민권 투쟁으로 노벨 평화상을 받았다.

고마운 가족에게

안나-뢴, 클라라, 조르지아, 마르셀, 빅토리아

---

1) Bambara: 서아프리카 말리공화국 서남부의 니제르 강 유역에 사는 부족.
2) Tupi-guarani: 브라질의 원주민으로 곳곳에 흩어져 유목 생활을 했다.

3) Melanesia: 오스트레일리아 북동쪽 남태평양 180° 경선에 연이어 있는 섬. 총면적 15만 5400㎢. 그리스어로 '검은 섬들'이라는 뜻.
4) 納西族: 중국 운남성 일대에서 자치현을 중심으로 거주하는 소수민족. 세계에서 유일하게 상형문자를 사용하는 등 독특한 동파(東巴) 문화를 형성하고, 다신교인 동파교를 믿는다.

고마운 친구들에게

기욤 알라리, 프란츠 바뒤풀, 블레이크와 모티머, 불과 빌, 올리비에 딜리, 크리스토프 갈파르, 파브리스 제르셸, 샤를 게랭 쉬르빌, 알렉상드르 라크루아, 케츠 르 무, 루키 루크, 필립 나시프, 실뱅 오렐, 오드리 레브만, 아드리엥 삼손, 미카엘 셋방, 로랑 섹식, XIII, 레아 비냘, 필립 비냘, 젭.

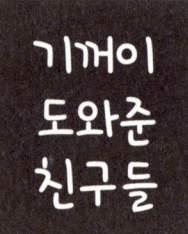

세계철학 백과사전 2

1판 1쇄 발행일 2016년 12월 25일
글쓴이 | 샤를 페팽
그린이 | 쥘
옮긴이 | 조재룡
펴낸이 | 임왕준
편집인 | 김문영
펴낸곳 | 이숲
등록 | 2008년 3월 28일 제301-2008-086호
주소 | 서울시 중구 장충단로 8가길 2-1(장충동 1가 38-70)
전화 | 2235-5580
팩스 | 6442-5581
홈페이지 | esoope.com
페이스북 | facebook.com/EsoopPublishing
Email | esoope@naver.com
ISBN | 979-11-85921-30-2 03100
ⓒ 이숲, 2016, printed in Korea.

♦ 이 도서의 국립중앙도서관 출판시도서목록(CIP)은 e-CIP홈페이지(http://www.nl.go.kr/ecip)와 국가자료공동목록시스템(http://www.nl.go.kr/kolisnet)에서 이용하실 수 있습니다.(CIP제어번호: CIP2016029131)

DIDEROT

ŽIŽEK

NIETZSCHE

AMARTYA SEN

ADORNO

MAX WEBER

SPINOZA

JÉSUS

MONTAIGNE

PRINCE LEPETIT

EINSTEIN

JUDITH BUTLER

LAOZI

LOCKE

THOREAU

IBN KHALDUN

ADAM SMITH

MARCUSE

LUCRÈCE

PETER SINGER

MICHEL SERRES

LACAN

SOCRATE

AUGUSTE COMTE

BADIOU

MARTIN LUTHER KING

HÉRACLITE

MARTIN LUTHER

PROUDHON

MERLEAU-PONTY

ARON

LYOTARD

BEAUVOIR

CIORAN

CHOMSKY

GANDHI

MARC AURÈLE

FUKUYAMA

RICŒUR

SARTRE

MAÎTRE YODA

CICÉRON

CAMUS

LÉVI-STRAUSS